COLLECTION POÉSIE

VICTOR HUGO

Les Orientales
Les Feuilles d'automne

Édition présentée,
établie et annotée
par Pierre Albouy

GALLIMARD

INTRODUCTION

C'EST une heureuse idée ou un hasard heureux qui rassemble, dans le même volume, *Les Orientales* et *Les Feuilles d'automne*. A cause du contraste, d'abord, témoin de la variété d'une poésie qui a pris tous les tons et qui a tout dit. A l'été flamboyant et joyeux des *Orientales* succèdent, ici, la mélancolie et les demi-teintes d'un automne précoce. Mais le poète n'a pas trente ans et bien des recommencements l'attendent, jusqu'à ce printemps des *Chansons des rues et des bois* qui, la soixantaine passée, semble, par la gaieté, la sensualité et les couleurs, faire écho aux fantaisies de 1828. En fait, si *Sara la baigneuse* est sœur des blanchisseuses, tout aussi éclatantes, épiées tout aussi ardemment, quelques trente années plus tard, les poèmes narratifs et descriptifs des *Orientales* annoncent également *La Légende des Siècles*; *Le Feu du Ciel* n'y ferait pas mauvaise figure, encore que, par le pittoresque des détails — crocodile, vierges aux seins d'ébène —, il prépare peut-être davantage la manière d'un Leconte de Lisle. A cette poésie du monde extérieur s'oppose le lyrisme personnel des *Feuilles d'automne; Les Orientales* étant le livre d'où le *moi* est le plus absent, le recueil qui suit inaugure véritablement la poésie du *moi*, et, cette fois à nouveau, une très grande œuvre se dessine à l'horizon lointain : *Les Contemplations*. Là est la raison majeure qui nous fait nous féliciter de tenir ensemble les deux œuvres qui, proches des débuts, apparaissent un peu comme les petites sources de ces fleuves immenses : la poésie du monde extérieur, dans l'espace et le temps, la poésie du monde intérieur, du *moi*.

Tout, dans *Les Orientales*, semble venir du dehors et le livre lui-même, en janvier 1829, se présente comme le fruit du moment, avec le philhellénisme qui soulève l'Europe, de la mort de Byron dans Missolonghi à la victoire de Navarin, et avec ce mouvement qu'Edgar Quinet appellera, un jour, « la Renaissance orientale » et que la préface de Hugo décrit dans l'enthousiasme : des langues nouvellement déchiffrées révèlent de nouvelles antiquités, égyptienne, perse, indienne. Mais Hugo, comme Byron dans *Le Giaour* et Goethe dans *Le Divan*, se borne au Proche-Orient, auquel il annexe l'Espagne. Au vrai, il s'amuse à construire une mosquée et des Alhambras. Il chante Canaris et, pour l'enfant grec, demande de la poudre et des balles, mais l'inspiration philhellène reste au second plan; les Turcs — faut-il l'avouer? — l'amusent beaucoup plus, avec leurs sultanes capricieuses, leurs atrocités étranges, les comparadgis et la galère capitane. Seul lui importe le pittoresque. Là est la nouveauté des *Orientales* : le pittoresque et l'exotisme qui, avec Bernardin de Saint-Pierre et Chateaubriand, avaient triomphé en prose, conquièrent enfin la poésie. Depuis Malherbe et en dehors d'exceptions peu nombreuses, l'abstraction dominait la poésie française. *Les Orientales* la rendent à la réalité concrète. Il est même peu de poèmes où l'on goûte une telle abondance de couleurs et de formes, de sensations et d'images. Le critique Guizard ne s'y trompait pas, qui, dans *La Revue française* de janvier 1829, se scandalisait du « matérialisme poétique » de cette « nouvelle école », illustrée par *Les Orientales* : point d' « idées », se plaignait-il, tout pour les sens. Avec cette poésie d'art, les poètes reprenaient à la Peinture leur bien.

Fêtes de la lumière — de la lune, à dire le vrai, plus que du soleil — et fêtes des mots sonores, des rythmes dansants, *Les Orientales* sont, assurément, l'œuvre d'un « homme de fantaisie et de caprice » : c'est ainsi que la préface définit le poète. Cette préface, où, à un an de distance, on retrouve, avec plaisir, le ton fier et allègre de la *Préface* de *Cromwell*, revendique, elle aussi, *la liberté dans l'art*, et donc le droit à la fantaisie, au caprice et à la poésie inutile. Mais il n'est de liberté que totale et, plus profondément, c'est le droit de *tout dire* que Hugo réclame, ici, pour la poésie. Aucune limitation : tout relève de la poésie, nul domaine ne lui reste interdit et Hugo proclame magnifiquement : « L'espace et le temps sont au poète. » Aussi bien le génie est-il un coursier qui traverse « tous les champs du possible », et le poème de *Mazeppa*, qui décrit sa course à travers les déserts, les monts, les mers, les comètes et les planètes, signifie, dirait-on, que la poésie du monde extérieur est destinée à s'épanouir en poésie cosmique. Hugo a voulu que cette immense ouverture ne manquât pas aux *Orientales*.

En novembre 1831, la préface des *Feuilles d'automne* semble reployer toute la poésie autour du « cœur » du poète. Entre les deux recueils, une double révolution a triomphé, la révolution littéraire avec la bataille d'*Hernani*, la révolution politique avec les Trois Glorieuses de Juillet 1830. A ce fracas, à cet éclat, la préface des *Feuilles d'automne* oppose les douceurs à mi-voix d'une poésie intime. Non point que l'auteur s'interdise la poésie politique, mais, superbement, il la réserve pour une période calme, préférant, au moment des tempêtes, la discrétion, modeste et hautaine, des vers « désintéressés » sur les affections du cœur et les âges de la vie. Telle est l'indépendance souveraine du poète. Dans cette préface et dans le poème initial, Hugo expose donc, pour la première fois, sa théorie de la poésie personnelle : le poète est un « écho sonore » dont la sensibilité vibrante nous rend, plus intenses, les « mille voix » qui chuchotent dans nos âmes, au passage des souffles de la nature ou des passions; lui-même, sous ces secousses de la vie, s'ouvre en mille « fêlures » par lesquelles s'épanche son âme. Images modestes et mélancoliques; le poète ne se distingue des autres hommes que par cette fragilité de cristal grâce à laquelle les moindres échos s'amplifient et l'âme livre passage à toutes les souffrances. Ici, pourtant, commence la plus haute aventure de la poésie personnelle, qui, du *moi*, « écho sonore », à l' « Insensé qui crois que je ne suis pas toi », des *Contemplations*, nouera, au sein d'une âme et d'une destinée, les problèmes, les aventures et le salut de l'humanité et de l'univers. Dans *Les Contemplations*, le père désespéré des *Pauca meae* ne se sauvera pas sans que la loi de la mort ne se soit renversée en loi de vie et de progrès, du bas en haut de l'échelle des êtres. Ici, déjà, dans ce livre de confidences retenues, de tristesse contenue et de joies modérées, le *moi*, l'écho sonore aux mille voix, est placé *au centre de tout*. Autour du *moi*, le monde extérieur, où le poète des *Orientales* se répandait avec avidité, va se recomposer, non sans s'agrandir en s'intériorisant.

Voyez l'attaque du recueil lui-même, au premier vers du premier poème : « Ce siècle avait deux ans! » C'est ainsi que le poète décline son identité et indique d'abord sa date de naissance, son état, moins civil qu'historique!

Le siècle, Napoléon, voilà les références qui lui permettent de se situer. L'Histoire, au cœur de laquelle s'insère son histoire à lui, celle de sa mère vendéenne et de son père, général d'Empire. La famille du poète tient, en effet, une grande place dans *Les Feuilles d'automne* et, si l'on y joint ses amis, Louis Boulanger, Sainte-Beuve, David d'Angers, Marie Ménessier-Nodier et Louise Bertin, on peut dire que les proches du poète occupent quasiment tout le recueil. C'est là le premier cercle autour du *moi*, centre. Et ce cercle est tangent à la sphère de l'Histoire, grâce au père. Hugo s'est détaché du royalisme maternel et c'est son père retrouvé qui lui livre un accès, en quelque mesure intime, à Napoléon; grâce au père, l'Histoire et l'Épopée s'intègrent au lyrisme personnel. Les amis, le peintre, le poète, le statuaire, Louise Bertin, y font entrer le monde de l'art, celui des cerveaux créateurs, et la sagesse, c'est-à-dire la musique de la nature et de l'âme, l'harmonie. Mais, avec le père, c'est la fille aînée du poète qui est la figure privilégiée de cet entourage. A Léopoldine, on doit le plus long poème du recueil, *La Prière pour tous*, où l'humanité tout entière, du bas en haut et sans que soit oublié personne, est, par l'enfant, réconciliée avec Dieu. Cette pièce est même la seule du recueil où Dieu soit ainsi rendu présent : par la médiation de Léopoldine, seule autorisée, par son innocence, à interroger Dieu :

Ah! demande à ce père auguste
Qui sourit à ton oraison
Pourquoi l'arbre étouffe l'arbuste,
Et qui fait du juste à l'injuste
Chanceler l'humaine raison?

L'être le plus proche du cœur du poète est justement celui qui permet au lyrisme personnel des *Feuilles d'automne* de s'ouvrir à la poésie la plus haute, celle du dialogue avec le grand Mystérieux.

Ainsi, autour du *moi*, les cercles s'élargissent à l'infini. Mais voici que, non content de s'entourer du monde entier, Nature et Humanité, le poète absorbe en lui toute cette réalité et porte l'univers dans sa tête. Le poème V pose l'équivalence de l'abîme extérieur et de « l'autre abîme sans fond », qui est celui de l'âme. Le poème VIII exalte le statuaire David d'Angers, dont le « front surhumain » abrite, dans sa « tête ardente », tout le peuple des statues, toute une héroïque humanité de bronze. Le poème IX, *A M. de Lamartine*, nous apprend que si le poète découvre, lui aussi, son Amérique, c'est dans le cœur de l'homme que s'accomplit la circum navigation qui fait surgir à l'horizon humain un univers nouveau,

Une création pareille
A celle qui rayonne au jour!...
Un de ces mondes que découvrent
Ceux qui de l'âme ont fait le tour!

Le poème suivant dresse la figure symbolique d'Atlas qui « porte un monde ». Puis, dans le poème le plus important de ce recueil, *La Pente de la rêverie*, voici « les deux pôles », « le monde entier », les saisons et les mers, la terre et les volcans, les « cités vivantes des deux mondes » et les entassements des cités mortes; or, tout cela apparaît et vit, va et marche, dans l' « esprit sombre » du poète : le cosmos sous un crâne! Le poème qui vient ensuite, *Souvenir d'enfance*, développe amplement cette image :

sous le crâne de Napoléon, le « monde » est « couvé » et se lève d'abord le soleil d'Austerlitz.

La vision, dès lors, ne s'élargit qu'en s'intériorisant. Dans les poèmes les plus anciens, les pièces II, III et IV des *Soleils couchants* qui, en juillet-août 1828, appartiennent à l'été embrasé des *Orientales*, le poète souhaite être emporté sur « quelque tour sublime » du haut de laquelle il puisse contempler la ville, comme une géante couchée à ses pieds; ou bien il veut « fuir » « plus loin », vers des « régions inconnues » :

Allons! des ailes ou des voiles!

Dans le poème *Ce qu'on entend sur la montagne*, écrit en juillet 1829 et placé au début du recueil, la contemplation implique semblablement l'altitude : il faut, d'abord, monter sur la montagne, puis, de là-haut, du sommet, se pencher sur l'océan au pied du mont, ou voler vers lui d'un grand vol d'oiseau des mers. Dans le poème *A un voyageur*, qui suit la pièce que nous venons de citer et en est contemporain, les deux amis gravissent la colline du Père-Lachaise pour contempler Paris endormi sous eux; mais ils se couchent contre terre pour tenter de capter la rumeur de l'autre ville, celle des millions de morts. Dans *Souvenir d'enfance*, nous retrouverons à nouveau le père et son fils assis sur cette colline et contemplant « au loin l'horizon spacieux »; mais l'attention est tout de suite détournée vers le monde souterrain, vers l'intérieur de la terre où s'accomplissent les germinations, où les fleurs de la surface ont leurs racines, leur origine et comme le secret de leur existence. Le mouvement des *Feuilles d'automne* consiste, en effet, à remplacer la vision surplombante et panoramique par la plongée profonde, et le souhait du voyage sous les cieux inconnus par le sentiment de la proximité du mystère qui s'étend juste au-dessous du monde visible et des apparences quotidiennes. Cette vision nouvelle, *La Pente de la rêverie* l'enseigne, en mai 1830. Le « monde invisible » se découvre à partir de la rêverie très ordinaire d'un homme à sa fenêtre, songeant à ses amis. Ce monde ne se situe ni loin ni en haut, mais, au contraire, en bas, selon une « spirale » « profonde », qui creuse en « s'élargissant »; la Tour de Babel qui livre sur ses étages la vision de l'histoire humaine est renversée et souterraine. Il faut descendre et l'obscurité s'accroît jusqu'à ce que les « entassements » sombres fassent place aux flots d'ombre, à l'océan de ténèbres. Alors il faut *plonger au fond.* C'est tout en bas que le plongeur du mystère atteindra l'éternité — fond qui, sans doute, se dérobe et se creuse.

Cette plongée au-dessous de l'espace et du temps s'accomplit à travers l'espace et le temps, mais, comme on sait, dans l' « esprit sombre » du poète, qui contient l'abîme univers. Aussi bien le poème XXXVIII, un des plus tardifs des *Feuilles d'automne*, apporte-t-il, le 8 novembre 1831, une nouvelle image du poète. Mazeppa parcourait l'univers; ici, le poète, devenu *Pan*, le dieu Tout, s'empare du monde et rien ne lui échappe : le mot « partout » scande ces vers. Mais ce n'est point à une course rapide que le poète, cette fois, est convié; il ne doit pas franchir, d'un bond, les obstacles; la vaste nature, il lui faut s'en pénétrer, l'absorber en lui et répandre sur elle son âme. Les poètes échangent sans cesse leur « monde intérieur » avec « l'autre univers visible » et mêlent leur âme à la création. De taille avec la nature, à l'écoute de son secret divin, ils deviennent, géants et sacrés, des *Mages*, déjà. Le poète est moins, ici, l'écho que celui qui éveille l'écho, « dans toute créature », du son « sublime » et « intime » que la nature, « cet immense clavier », exhale sous ses « doigts puissants ». Dans le poème initial, l'âme vibre et résonne à tous les souffles, tous les frissons et toutes les secousses qui lui viennent de la nature; dans ce poème-ci, c'est la nature qui vibre tout entière et fait écho au verbe que le poète donne à entendre au plus intime de l'âme et de la création.

Telle est l'aventure orphique qui s'apprête, des *Orientales* aux *Feuilles d'automne*. Ajoutons, s'il est besoin, que ces deux livres de vers se lisent, de bout en bout et sans ennui. Il faut lire ces poèmes, tantôt comme des chansons, tantôt, si j'ose le dire, comme de la prose. On prendra plaisir et amusement à faire retentir les rimes et les rythmes des *Orientales;* Hugo n'est-il pas, comme le disait Barrès, « le maître des mots »? On le sait et, assurément, on s'est trop borné à ne savoir que cela. Que donc, après les éblouissements et les fanfares des *Orientales*, on prête l'oreille aux *Feuilles d'automne*, sans se laisser arrêter par leur aspect vieilli. On y percevra les « mille voix » de la poésie et la plus rare, peut-être, la musique de la vie quotidienne qui sourd de vers proches de la prose. Le poème XXXVIII campe, nous l'avons dit, la figure du poète géant et sacré. Le poème XXXIX, en dix-huit octosyllabes modestes, montre le même poète triste et en proie au vieillissement. Le poème XL, enfin, ajoute « un dernier mot », pour déclarer à l' « oppression » « une haine profonde » et faire vibrer la « corde d'airain », en prélude lointain aux *Châtiments*, ce livre où le poète

— mage et homme parmi les hommes — se fera belluaire et dompteur de tyrans. En vérité, un regard attentif, ici, dans *Les Orientales* et *Les Feuilles d'automne*, découvrira tous les aspects et tous les pouvoirs de la poésie.

PIERRE ALBOUY.

LES ORIENTALES

PRÉFACE DE L'ÉDITION ORIGINALE

L'auteur de ce recueil n'est pas de ceux qui reconnaissent à la critique le droit de questionner le poète sur sa fantaisie, et de lui demander pourquoi il a choisi tel sujet, broyé telle couleur, cueilli à tel arbre, puisé à telle source. L'ouvrage est-il bon ou est-il mauvais? Voilà tout le domaine de la critique. Du reste, ni louanges ni reproches pour les couleurs employées, mais seulement pour la façon dont elles sont employées. A voir les choses d'un peu haut, il n'y a, en poésie, ni bons ni mauvais sujets, mais de bons et de mauvais poètes. D'ailleurs, tout est sujet; tout relève de l'art; tout a droit de cité en poésie. Ne nous enquérons donc pas du motif qui vous a fait prendre ce sujet, triste ou gai, horrible ou gracieux, éclatant ou sombre, étrange ou simple, plutôt que cet autre. Examinons comment vous avez travaillé, non sur quoi et pourquoi.

Hors de là, la critique n'a pas de raison à demander, le poète pas de compte à rendre. L'art n'a que faire des lisières, des menottes, des bâillons; il vous dit : Va! et vous lâche dans ce grand jardin de poésie, où il n'y a pas de fruit défendu. L'espace et le temps sont au poète. Que le poète donc aille où il veut, en faisant ce qui lui plaît; c'est la loi. Qu'il croie en Dieu ou aux dieux, à Pluton ou à Satan, à Canidie ou à Morgane[1], ou à rien, qu'il acquitte le péage du Styx, qu'il soit du Sabbat; qu'il écrive en prose ou en vers, qu'il sculpte en marbre ou coule en bronze; qu'il prenne pied dans tel siècle ou dans tel climat; qu'il soit du midi, du nord, de l'occident, de l'orient; qu'il soit antique ou moderne; que sa muse soit une Muse ou une fée, qu'elle se drape de la colocasia ou s'ajuste la cotte-hardie[1]. C'est à merveille. Le poète est libre. Mettons-nous à son point de vue, et voyons.

L'auteur insiste sur ces idées, si évidentes qu'elles paraissent, parce qu'un certain nombre d'*Aristarques* n'en est pas encore à les admettre pour telles. Lui-même, si peu de place qu'il tienne dans la littérature contemporaine, il a été plus d'une fois l'objet de ces méprises de la critique. Il est advenu souvent qu'au lieu de lui dire simplement : Votre livre est mauvais, on lui a dit : Pourquoi avez-vous fait ce livre? Pourquoi ce sujet? Ne voyez-vous pas que l'idée première est horrible, grotesque, absurde (n'importe!), et que le sujet chevauche hors des *limites de l'art?* Cela n'est pas joli, cela n'est pas gracieux. Pourquoi ne point traiter des sujets qui nous plaisent et nous agréent? les étranges caprices que vous avez là! etc., etc. A quoi il a toujours fermement répondu : que ces caprices étaient ses caprices; qu'il ne savait pas en quoi étaient faites les *limites de l'art*, que de géographie précise du monde intellectuel il n'en connaissait point, qu'il n'avait point encore vu de cartes routières de l'art, avec les frontières du possible et de l'impossible tracées en rouge et en bleu; qu'enfin il avait fait cela, parce qu'il avait fait cela.

Si donc aujourd'hui quelqu'un lui demande à quoi bon ces *Orientales?* qui a pu lui inspirer de s'aller promener en Orient pendant tout un volume? que signifie ce livre inutile de pure poésie, jeté au milieu des préoccupations graves du public et au seuil d'une session[2]? où est l'opportunité? à quoi rime l'Orient?... Il répondra qu'il n'en sait rien, que c'est une idée qui lui a pris; et qui lui a pris d'une façon assez ridicule, l'été passé, en allant voir coucher le soleil.

Il regrettera seulement que le livre ne soit pas meilleur.

Et puis, pourquoi n'en serait-il pas d'une littérature dans son ensemble, et en particulier de l'œuvre d'un poëte, comme de ces belles vieilles villes d'Espagne, par exemple, où vous trouvez tout : fraîches promenades d'orangers le long d'une rivière; larges places ouvertes au grand soleil pour les fêtes; rues étroites, tortueuses, quelquefois obscures, où se lient les unes aux autres mille maisons de toute forme, de tout âge, hautes, basses, noires, blanches, peintes, sculptées; labyrinthes d'édifices dressés côte à côte, pêle-mêle, palais, hospices, couvents, casernes, tous divers, tous portant leur destination écrite dans leur architecture; marchés pleins de peuple et de bruit; cimetières où les vivants se taisent comme les morts; ici, le théâtre avec ses clinquants, sa fanfare et ses oripeaux; là-bas, le vieux gibet permanent, dont la pierre est vermoulue, dont le fer est rouillé, avec quelque squelette qui craque au vent; — au centre, la grande cathédrale gothique avec ses hautes flèches tailladées en scies, sa large tour du bourdon, ses cinq portails brodés de bas-reliefs, sa frise à jour comme une collerette, ses solides arcs-boutants si frêles à l'œil; et puis, ses cavités profondes, sa forêt de piliers à chapiteaux bizarres, ses chapelles ardentes, ses myriades de saints et de châsses, ses colonnettes en gerbes, ses rosaces, ses ogives, ses lancettes qui se touchent à l'abside et en font comme une cage de vitraux, son maître-autel aux mille cierges; merveilleux édifice, imposant par sa masse, curieux par ses détails, beau à deux lieues et beau à deux pas; — et enfin, à l'autre bout de la ville, cachée dans les sycomores et les palmiers, la mosquée orientale, aux dômes de cuivre et d'étain, aux portes peintes, aux parois vernissées, avec son jour d'en haut, ses grêles arcades, ses cassolettes qui fument jour et nuit, ses versets du Koran sur chaque porte, ses sanctuaires éblouissants, et la mosaïque de son pavé et la mosaïque de ses murailles; épanouie au soleil comme une large fleur pleine de parfums.

Certes, ce n'est pas l'auteur de ce livre qui réalisera jamais un ensemble d'œuvres auquel puisse s'appliquer la comparaison qu'il a cru pouvoir hasarder. Toutefois, sans espérer que l'on trouve dans ce qu'il a déjà bâti même quelque ébauche informe des monuments qu'il vient d'indiquer, soit la cathédrale gothique, soit le théâtre, soit encore le hideux gibet; si on lui demandait ce qu'il a voulu faire ici, il dirait que c'est la mosquée.

Il ne se dissimule pas, pour le dire en passant, que bien des critiques le trouveront hardi et insensé de souhaiter pour la France une littérature qu'on puisse comparer à une ville du moyen-âge. C'est là une des imaginations les plus folles où l'on se puisse aventurer. C'est vouloir hautement le désordre, la profusion, la bizarrerie, le mauvais goût. Qu'il vaut bien mieux une belle et correcte nudité, de grandes murailles toutes *simples*, comme on dit, avec quelques ornements sobres et de *bon goût* : des oves et des volutes, un bouquet de bronze pour les corniches, un nuage de marbre avec des têtes d'anges pour les voûtes, une flamme de pierre pour les frises, et puis des oves et des volutes! Le château de Versailles, la place Louis XV[1], la rue de Rivoli, voilà. Parlez-moi d'une belle littérature tirée au cordeau!

Les autres peuples disent : Homère, Dante, Shakespeare. Nous disons : Boileau.

Mais passons.

En y réfléchissant, si cela pourtant vaut la peine qu'on y réfléchisse, peut-être trouvera-t-on moins étrange la fantaisie qui a produit ces *Orientales*. On s'occupe aujourd'hui, et ce résultat est dû à mille causes qui toutes ont amené un progrès, on s'occupe beaucoup plus de l'Orient qu'on ne l'a jamais fait. Les études orientales n'ont jamais été poussées si avant. Au siècle de Louis XIV on était helléniste, maintenant on est orientaliste. Il y a un pas de fait. Jamais tant d'intelligences n'ont fouillé à la fois ce grand abîme de l'Asie. Nous avons aujourd'hui un savant cantonné dans chacun des idiomes de l'Orient, depuis la Chine jusqu'à l'Égypte.

Il résulte de tout cela que l'Orient, soit comme image, soit comme pensée, est devenu, pour les intelligences autant que pour les imaginations, une sorte de préoccupation générale à laquelle l'auteur de ce livre a obéi peut-être à son insu. Les couleurs orientales sont venues comme d'elles-mêmes empreindre toutes ses pensées, toutes ses rêveries; et ses rêveries et ses pensées se sont trouvées tour à tour, et presque sans l'avoir voulu, hébraïques, turques, grecques, persanes, arabes, espagnoles même, car l'Espagne c'est encore l'Orient; l'Espagne est à demi africaine, l'Afrique est à demi asiatique.

Lui s'est laissé faire à cette poésie qui lui venait. Bonne ou mauvaise, il l'a acceptée et en a été heureux. D'ailleurs il avait toujours eu une vive sympathie de poète, qu'on lui pardonne d'usurper un moment ce titre, pour le monde oriental. Il lui semblait y voir briller de loin une haute poésie. C'est une source à laquelle il désirait depuis longtemps se désaltérer. Là, en effet, tout est grand, riche, fécond, comme dans le moyen-âge, cette autre mer de poésie. Et, puisqu'il est amené à le dire ici en passant, pourquoi ne le dirait-il pas? il lui semble que jusqu'ici on a beaucoup trop vu l'époque moderne dans le siècle de Louis XIV, et l'antiquité dans Rome et la Grèce; ne verrait-on pas de plus haut et plus loin, en étudiant l'ère moderne dans le moyen-âge et l'antiquité dans l'Orient?

Au reste, pour les empires comme pour les littératures, avant peu peut-être l'Orient est appelé à jouer un rôle dans l'Occident. Déjà la mémorable guerre de Grèce avait fait se retourner tous les peuples de ce côté. Voici maintenant que l'équilibre de l'Europe paraît prêt à se rompre; le *statu quo* européen, déjà vermoulu et lézardé, craque du côté de Constantinople. Tout le continent penche à l'Orient. Nous verrons de grandes choses. La vieille barbarie asiatique n'est peut-être pas aussi dépourvue d'hommes supérieurs que notre civilisation le veut croire. Il faut se rappeler que c'est elle qui a produit le seul colosse que ce siècle puisse mettre en regard de Bonaparte, si toutefois Bonaparte peut avoir un pendant; cet homme de génie, turc et tartare à la vérité, cet Ali-Pacha[1], qui est à Napoléon ce que le tigre est au lion, le vautour à l'aigle.

Janvier 1829.

PRÉFACE DE FÉVRIER 1829

Ce livre a obtenu le seul genre de succès que l'auteur puisse ambitionner en ce moment de crise et de révolution littéraire : vive opposition d'un côté, et peut-être quelque adhésion, quelque sympathie de l'autre.

Sans doute, on pourrait quelquefois se prendre à regretter ces époques plus recueillies ou plus indifférentes, qui ne soulevaient ni combats ni orages autour du paisible travail du poète, qui l'écoutaient sans l'interrompre et ne mêlaient point de clameurs à son chant. Mais les choses ne vont plus ainsi. Qu'elles soient comme elles sont.

D'ailleurs tous les inconvénients ont leurs avantages. Qui veut la liberté de l'art doit vouloir la liberté de la critique; et les luttes sont toujours bonnes. *Malo periculosam libertatem.*

L'auteur, selon son habitude, s'abstiendra de répondre ici aux critiques dont son livre a été l'objet. Ce n'est pas que plusieurs de ces critiques ne soient dignes d'attention et de réponse; mais c'est qu'il a toujours répugné aux plaidoyers et aux apologies. Et puis, confirmer ou réfuter des critiques, c'est la besogne du temps.

Cependant il regrette que quelques censeurs, de bonne foi d'ailleurs, se soient formé de lui une fausse idée, et se soient mis à le traiter sans plus de façon qu'une hypothèse, le construisant *a priori* comme une abstraction le refaisant de toutes pièces, de manière que lui, poète, homme de fantaisie et de caprice, mais aussi de conviction et de probité, est devenu sous leur plume un être de raison, d'étrange sorte, qui a dans une main un système pour faire ses livres, et dans l'autre une tactique pour les défendre. Quelques-uns ont été plus loin encore, et, de ses écrits passant à sa personne, l'ont taxé de présomption, d'outrecuidance, d'orgueil, et, que sais-je? ont fait de lui une espèce de jeune Louis XIV entrant dans les plus graves questions, botté, éperonné et une cravache à la main.

Il ose affirmer que ceux qui le voient ainsi le voient mal.

Quant à lui, il n'a nulle illusion sur lui-même. Il sait fort bien que le peu de bruit qui se fait autour de ses livres, ce ne sont pas ces livres qui le font, mais simplement les hautes questions de langue et de littérature qu'on juge à propos d'agiter à leur sujet. Ce bruit vient du dehors et non du dedans. Ils en sont l'occasion et non la cause. Les personnes que préoccupent ces graves questions d'art et de poésie ont semblé choisir un moment ses ouvrages comme une arène pour y lutter. Mais il n'y a rien là qu'ils doivent à leur mérite propre. Cela ne peut leur donner tout au plus qu'une importance passagère, et encore est-ce beaucoup dire. Le terrain le plus vulgaire gagne un certain lustre à devenir champ de bataille. Austerlitz et Marengo sont de grands noms et de petits villages.

Février 1829.

I

LE FEU DU CIEL

> 24. Alors le Seigneur fit descendre du ciel sur Sodome et sur Gomorrhe une pluie de soufre et de feu.
>
> 25. Et il perdit ces villes avec tous leurs habitants, tout le pays à l'entour avec ceux qui l'habitaient, et tout ce qui avait quelque verdeur sur la terre.
>
> *(Genèse[1].)*

I

La voyez-vous passer, la nuée au flanc noir?
Tantôt pâle, tantôt rouge et splendide à voir,
Morne comme un été stérile?
On croit voir à la fois, sur le vent de la nuit,
Fuir toute la fumée ardente et tout le bruit
De l'embrasement d'une ville.

D'où vient-elle? des cieux, de la mer ou des monts?
Est-ce le char de feu qui porte des démons
A quelque planète prochaine?
O terreur! de son sein, chaos mystérieux,
D'où vient que par moments un éclair furieux
Comme un long serpent se déchaîne?

II

La mer! partout la mer! des flots, des flots encor.
L'oiseau fatigue en vain son inégal essor.
Ici les flots, là-bas les ondes;
Toujours des flots sans fin par des flots repoussés;
L'œil ne voit que des flots dans l'abîme entassés
Rouler sous les vagues profondes.

Parfois de grands poissons, à fleur d'eau voyageant,
Font reluire au soleil leurs nageoires d'argent,
Ou l'azur de leurs larges queues.
La mer semble un troupeau secouant sa toison,
Mais un cercle d'airain ferme au loin l'horizon;
Le ciel bleu se mêle aux eaux bleues.

— Faut-il sécher ces mers? dit le nuage en feu.
— Non! — Il reprit son vol sous le souffle de Dieu.

III

Un golfe aux vertes collines
Se mirant dans le flot clair! —
Des buffles, des javelines,
Et des chants joyeux dans l'air! —
C'était la tente et la crèche,
La tribu qui chasse et pêche,
Qui vit libre, et dont la flèche
Jouterait avec l'éclair.

Pour ces errantes familles
Jamais l'air ne se corrompt.
Les enfants, les jeunes filles,
Les guerriers dansaient en rond,
Autour d'un feu sur la grève
Que le vent courbe et relève,
Pareils aux esprits qu'en rêve
On voit tourner sur son front.

Les vierges aux seins d'ébène,
Belles comme les beaux soirs,
Riaient de se voir à peine
Dans le cuivre des miroirs;
D'autres, joyeuses comme elles,
Faisaient jaillir des mamelles
De leurs dociles chamelles
Un lait blanc sous leurs doigts noirs.

Les hommes, les femmes nues,
Se baignaient au gouffre amer. —
Ces peuplades inconnues,
Où passaient-elles hier? —
La voix grêle des cymbales,
Qui fait hennir les cavales,
Se mêlait par intervalles
Aux bruits de la grande mer.

La nuée un moment hésita dans l'espace.
— Est-ce là? — Nul ne sait qui lui répondit : – Passe!

IV

L'Égypte! — Elle étalait, toute blonde d'épis,
Ses champs, bariolés comme un riche tapis,
Plaines que des plaines prolongent;
L'eau vaste et froide au nord, au sud le sable ardent
Se disputent l'Égypte : elle rit cependant
Entre ces deux mers qui la rongent.

Trois monts bâtis par l'homme au loin perçaient les cieux
D'un triple angle de marbre[1], et dérobaient aux yeux
Leurs bases de cendre inondées;
Et, de leur faîte aigu jusqu'aux sables dorés,
Allaient s'élargissant leurs monstrueux degrés,
Faits pour des pas de six coudées.

Un sphinx de granit rose, un dieu de marbre vert,
Les gardaient, sans qu'il fût vent de flamme au désert
Qui leur fît baisser la paupière.
Dix vaisseaux au flanc large entraient dans un grand port.
Une ville géante, assise sur le bord,
Baignait dans l'eau ses pieds de pierre.

On entendait mugir le semoun meurtrier,
Et sur les cailloux blancs les écailles crier
Sous le ventre des crocodiles.
Les obélisques gris s'élançaient d'un seul jet.
Comme une peau de tigre, au couchant s'allongeait
Le Nil jaune, tâcheté d'îles.

L'astre-roi se couchait. Calme, à l'abri du vent,
La mer réfléchissait ce globe d'or vivant,

Ce monde, âme et flambeau du nôtre;
Et dans le ciel rougeâtre et dans les flots vermeils,
Comme deux rois amis, on voyait deux soleils
Venir au-devant l'un de l'autre.

— Où faut-il s'arrêter? dit la nuée encor.
— Cherche! dit une voix dont trembla le Thabor.

V

Du sable, puis du sable!
Le désert! noir chaos
Toujours inépuisable
En monstres, en fléaux!
Ici rien ne s'arrête.
Ces monts à jaune crête,
Quand souffle la tempête,
Roulent comme des flots!

Parfois, de bruits profanes
Troublant ce lieu sacré,
Passent les caravanes
D'Ophir ou de Membré[1].
L'œil de loin suit leur foule
Qui sur l'ardente houle
Ondule et se déroule
Comme un serpent marbré.

Ces solitudes mornes,
Ces déserts sont à Dieu;
Lui seul en sait les bornes,

En marque le milieu.
Toujours plane une brume
Sur cette mer qui fume
Et jette pour écume
Une cendre de feu.

— Faut-il changer en lac ce désert? dit la nue.
— Plus loin! dit l'autre voix du fond des cieux venue.

VI

Comme un énorme écueil sur les vagues dressé,
Comme un amas de tours, vaste et bouleversé,
Voici Babel, déserte et sombre.
Du néant des mortels prodigieux témoin,
Aux rayons de la lune, elle couvrait au loin
Quatre montagnes de son ombre.

L'édifice écroulé plongeait aux cieux profonds.
Les ouragans captifs sous ses larges plafonds
Jetaient une étrange harmonie.
Le genre humain jadis bourdonnait à l'entour,
Et sur le globe entier Babel devait un jour
Asseoir sa spirale infinie.

Ses escaliers devaient monter jusqu'au zénith.
Chacun des plus grands monts à ses flancs de granit
N'avait pu fournir qu'une dalle;
Et des sommets nouveaux d'autres sommets chargés
Sans cesse surgissaient aux yeux découragés
Sur sa tête pyramidale.

Les boas monstrueux, les crocodiles verts,
Moindres que des lézards sur ses murs entr'ouverts,
Glissaient parmi les blocs superbes;
Et, colosses perdus dans ses larges contours,
Les palmiers chevelus, pendant au front des tours,
Semblaient d'en bas des touffes d'herbes.

Des éléphants passaient aux fentes de ses murs;
Une forêt croissait sous ses piliers obscurs
Multipliés par la démence;
Des essaims d'aigles roux et de vautours géants
Jour et nuit tournoyaient à ses porches béants,
Comme autour d'une ruche immense.

— Faut-il l'achever? dit la nuée en courroux. [vous?
— Marche! — Seigneur, dit-elle, où donc m'emportez-

VII

Voilà que deux cités, étranges, inconnues,
Et d'étage en étage escaladant les nues,
Apparaissaient, dormant dans la brume des nuits,
Avec leurs dieux, leur peuple, et leurs chars, et leurs bruits.
Dans le même vallon c'étaient deux sœurs couchées.
L'ombre baignait leurs tours par la lune ébauchées;
Puis l'œil entrevoyait, dans le chaos confus,
Aqueducs, escaliers, piliers aux larges fûts,
Chapiteaux évasés, puis un groupe difforme
D'éléphants de granit portant un dôme énorme;

Des colosses debout, regardant autour d'eux
Ramper des monstres nés d'accouplements hideux;
Des jardins suspendus, pleins de fleurs et d'arcades
Et d'arbres noirs penchés sur de vastes cascades;
Des temples, où siégeaient sur de riches carreaux
Cent idoles de jaspe à têtes de taureaux;
Des plafonds d'un seul bloc couvrant de vastes salles,
Où, sans jamais lever leurs têtes colossales,
Veillaient, assis en cercle, et se regardant tous,
Des dieux d'airain, posant leurs mains sur leurs genoux.
Ces rampes, ces palais, ces sombres avenues
Où partout surgissaient des formes inconnues,
Ces ponts, ces aqueducs, ces arcs, ces rondes tours,
Effrayaient l'œil perdu dans leurs profonds détours;
On voyait dans les cieux, avec leurs larges ombres,
Monter comme des caps ces édifices sombres,
Immense entassement de ténèbres voilé!
Le ciel à l'horizon scintillait étoilé,
Et, sous les mille arceaux du vaste promontoire,
Brillait comme à travers une dentelle noire.

Ah! villes de l'enfer, folles dans leurs désirs!
Là, chaque heure inventait de monstrueux plaisirs,
Chaque toit recélait quelque mystère immonde,
Et, comme un double ulcère, elles souillaient le monde.

Tout dormait cependant; au front des deux cités,
A peine encor glissaient quelques pâles clartés,
Lampes de la débauche, en naissant disparues,
Derniers feux des festins oubliés dans les rues.
De grands angles de mur, par la lune blanchis,
Coupaient l'ombre, ou tremblaient dans une eau réfléchis.

Peut-être on entendait vaguement dans les plaines
S'étouffer des baisers, se mêler des haleines,
Et les deux villes sœurs, lasses des feux du jour,
Murmurer mollement d'une étreinte d'amour;
Et le vent, soupirant sous le frais sycomore,
Allait tout parfumé de Sodome à Gomorrhe.
C'est alors que passa le nuage noirci,
Et que la voix d'en haut lui cria : — C'est ici!

VIII

La nuée éclate!
La flamme écarlate
Déchire ses flancs,
L'ouvre comme un gouffre,
Tombe en flots de soufre
Aux palais croulants,
Et jette, tremblante,
Sa lueur sanglante
Sur leurs frontons blancs!

Gomorrhe! Sodome!
De quel brûlant dôme
Vos murs sont couverts!
L'ardente nuée
Sur vous s'est ruée,
O peuple pervers!
Et ses larges gueules
Sur vos têtes seules
Soufflent leurs éclairs!

Ce peuple s'éveille,
Qui dormait la veille
Sans penser à Dieu.
Les grands palais croulent.
Mille chars qui roulent
Heurtent leur essieu;
Et la foule accrue
Trouve en chaque rue
Un fleuve de feu.

Sur ces tours altières,
Colosses de pierres
Trop mal affermis,
Abondent dans l'ombre
Des mourants sans nombre
Encore endormis.
Sur des murs qui pendent
Ainsi se répandent
De noires fourmis!

Se peut-il qu'on fuie
Sous l'horrible pluie?
Tout périt, hélas!
Le feu qui foudroie
Bat les ponts qu'il broie,
Crève les toits plats,
Roule, tombe, et brise
Sur la dalle grise
Ses rouges éclats!

Sous chaque étincelle
Grossit et ruisselle

Le feu souverain.
Vermeil et limpide,
Il court plus rapide
Qu'un cheval sans frein;
Et l'idole infâme,
Croulant dans la flamme,
Tord ses bras d'airain!

Il gronde, il ondule,
Du peuple incrédule
Rompt les tours d'argent;
Son flot vert et rose,
Que le soufre arrose
Fait, en les rongeant,
Luire les murailles
Comme les écailles
D'un lézard changeant.

Il fond comme cire
Agate, porphyre,
Pierres du tombeau,
Ploie, ainsi qu'un arbre,
Le géant de marbre
Qu'ils nommaient Nabo[1],
Et chaque colonne
Brûle et tourbillonne
Comme un grand flambeau!

En vain quelques mages
Portent les images
Des dieux du haut lieu;
En vain leur roi penche

Sa tunique blanche
Sur le soufre bleu;
Le flot qu'il contemple
Emporte leur temple
Dans ses plis de feu!

Plus loin il charrie
Un palais, où crie
Un peuple à l'étroit;
L'onde incendiaire
Mord l'îlot de pierre
Qui fume et décroît,
Flotte à sa surface,
Puis fond et s'efface
Comme un glaçon froid!

Le grand prêtre arrive
Sur l'ardente rive
D'où le reste a fui.
Soudain sa tiare
Prend feu comme un phare,
Et pâle, ébloui,
Sa main qui l'arrache
A son front s'attache,
Et brûle avec lui.

Le peuple, hommes, femmes,
Court... Partout les flammes
Aveuglent ses yeux;
Des deux villes mortes
Assiégeant les portes

A flots furieux,
La foule maudite
Croit voir, interdite,
L'enfer dans les cieux!

IX

On dit qu'alors, ainsi que pour voir un supplice
Un vieux captif se dresse aux murs de sa prison,
On vit de loin Babel, leur fatale complice,
Regarder par-dessus les monts de l'horizon.
On entendit, durant cet étrange mystère,
Un grand bruit qui remplit le monde épouvanté,
Si profond qu'il troubla, dans leur morne cité,
Jusqu'à ces peuples sourds qui vivent sous la terre.

X

Le feu fut sans pitié! Pas un des condamnés
Ne put fuir de ces murs croulants et calcinés.
Pourtant, ils levaient leurs mains viles,
Et ceux qui s'embrassaient dans un dernier adieu,
Terrassés, éblouis, se demandaient quel dieu
Versait un volcan sur leurs villes.

Contre le feu vivant, contre le feu divin,
De larges toits de marbre ils s'abritaient en vain.
Dieu sait atteindre qui le brave.
Ils invoquaient leurs dieux; mais le feu qui punit
Frappait ces dieux muets, dont les yeux de granit
Soudain fondaient en pleurs de lave.

Ainsi tout disparut sous le noir tourbillon,
L'homme avec la cité, l'herbe avec le sillon!
Dieu brûla ces mornes campagnes.
Rien ne resta debout de ce peuple détruit,
Et le vent inconnu qui souffla cette nuit
Changea la forme des montagnes.

XI

Aujourd'hui le palmier qui croît sur le rocher
Sent sa feuille jaunir et sa tige sécher
A cet air qui brûle et qui pèse.
Ces villes ne sont plus; et, miroir du passé,
Sur leurs débris éteints s'étend un lac glacé,
Qui fume comme une fournaise!

1er novembre 1828.

II

CANARIS[1]

Faire sans dire.
Vieille devise.

Lorsqu'un vaisseau vaincu dérive en pleine mer;
Que ses voiles carrées
Pendent le long des mâts, par les boulets de fer
Largement déchirées;

Qu'on n'y voit que des morts tombés de toutes parts,
Ancres, agrès, voilures,
Grands mâts rompus, traînant leurs cordages épars
Comme des chevelures;

Que le vaisseau, couvert de fumée et de bruit,
Tourne ainsi qu'une roue;
Qu'un flux et qu'un reflux d'hommes roule et s'enfuit
De la poupe à la proue;

Lorsqu'à la voix des chefs nul soldat ne répond;
Que la mer monte et gronde;
Que les canons éteints nagent dans l'entre-pont,
S'entre-choquant dans l'onde;

Qu'on voit le lourd colosse ouvrir au flot marin
Sa blessure béante,
Et saigner, à travers son armure d'airain,
La galère géante;

Qu'elle vogue au hasard, comme un corps palpitant,
La carène entr'ouverte,
Comme un grand poisson mort, dont le ventre flottant
Argente l'onde verte;

Alors gloire au vainqueur! Son grappin noir s'abat
Sur la nef qu'il foudroie;
Tel un aigle puissant pose, après le combat,
Son ongle sur sa proie!

Puis, il pend au grand mât, comme au front d'une tour,
Son drapeau que l'air ronge,
Et dont le reflet d'or dans l'onde, tour à tour,
S'élargit et s'allonge.

Et c'est alors qu'on voit les peuples étaler
Les couleurs les plus fières,
Et la pourpre, et l'argent, et l'azur onduler
Aux plis de leurs bannières.

Dans ce riche appareil leur orgueil insensé
Se flatte et se repose,
Comme si le flot noir, par le flot effacé,
En gardait quelque chose!

Malte arborait sa croix; Venise, peuple-roi,
Sur ses poupes mouvantes,
L'héraldique lion qui fait rugir d'effroi
Les lionnes vivantes.

Le pavillon de Naple est éclatant dans l'air,
Et quand il se déploie

On croit voir ondoyer de la poupe à la mer
Un flot d'or et de soie.

Espagne peint aux plis des drapeaux voltigeant
Sur ses flottes avares,
Léon aux lions d'or, Castille aux tours d'argent,
Les chaînes des Navarres.

Rome a les clefs; Milan, l'enfant qui hurle encor
Dans les dents de la guivre[1];
Et les vaisseaux de France ont des fleurs de lys d'or
Sur leurs robes de cuivre.

Stamboul la turque autour du croissant abhorré
Suspend trois blanches queues[2];
L'Amérique enfin libre étale un ciel doré
Semé d'étoiles bleues.

L'Autriche a l'aigle étrange, aux ailerons dressés,
Qui, brillant sur la moire,
Vers les deux bouts du monde à la fois menacés
Tourne une tête noire.

L'autre aigle au double front, qui des czars suit les lois,
Son antique adversaire,
Comme elle regardant deux mondes à la fois,
En tient un dans sa serre.

L'Angleterre en triomphe impose aux flots amers
Sa splendide oriflamme,
Si riche qu'on prendrait son reflet dans les mers
Pour l'ombre d'une flamme.

C'est ainsi que les rois font aux mâts des vaisseaux
Flotter leurs armoiries,
Et condamnent les nefs conquises sur les eaux
A changer de patries.

Ils traînent dans leurs rangs ces voiles dont le sort
Trompa les destinées,
Tout fiers de voir rentrer plus nombreuses au port
Leurs flottes blasonnées.

Aux navires captifs toujours ils appendront
Leurs drapeaux de victoire,
Afin que le vaincu porte écrite à son front
Sa honte avec leur gloire!

Mais le bon Canaris, dont un ardent sillon
Suit la barque hardie,
Sur les vaisseaux qu'il prend, comme son pavillon,
Arbore l'incendie!

7 novembre 1828.

III

LES TÊTES DU SÉRAIL[1]

O horrible! O horrible! most horrible!
SHAKESPEARE. *Hamlet*[2].

I

Le dôme obscur des nuits, semé d'astres sans nombre,
Se mirait dans la mer resplendissante et sombre;
La riante Stamboul, le front d'ombres voilé,
Semblait, couchée au bord du golfe qui l'inonde,
Entre les feux du ciel et les reflets de l'onde,
Dormir dans un globe étoilé.

On eût dit la cité dont les esprits nocturnes
Bâtissent dans les airs les palais taciturnes,
A voir ses grands harems, séjours des longs ennuis,
Ses dômes bleus, pareils au ciel qui les colore,
Et leurs mille croissants, que semblaient faire éclore
Les rayons du croissant des nuits.

L'œil distinguait les tours par leurs angles marquées,
Les maisons aux toits plats, les flèches des mosquées,
Les moresques balcons en trèfles découpés,
Les vitraux se cachant sous des grilles discrètes,
Et les palais dorés, et comme des aigrettes
Les palmiers sur leur front groupés.

Là, de blancs minarets dont l'aiguille s'élance
Tels que des mâts d'ivoire armés d'un fer de lance;
Là, des kiosques peints; là, des fanaux changeants;
Et sur le vieux sérail, que ses hauts murs décèlent,
Cent coupoles d'étain, qui dans l'ombre étincellent
Comme des casques de géants.

II

Le sérail!... Cette nuit il tressaillait de joie.
Au son des gais tambours, sur des tapis de soie,
Les sultanes dansaient sous son lambris sacré,
Et, tel qu'un roi couvert de ses joyaux de fête,
Superbe, il se montrait aux enfants du prophète,
De six mille têtes paré!

Livides, l'œil éteint, de noirs cheveux chargées,
Ces têtes couronnaient, sur les créneaux rangées,
Les terrasses de rose et de jasmin en fleur;
Triste comme un ami, comme lui consolante,
La lune, astre des morts, sur leur pâleur sanglante
Répandait sa douce pâleur.

Dominant le sérail, de la porte fatale
Trois d'entre elles marquaient l'ogive orientale;
Ces têtes, que battait l'aile du noir corbeau,
Semblaient avoir reçu l'atteinte meurtrière,
L'une dans les combats, l'autre dans la prière,
La dernière dans le tombeau.

On dit qu'alors, tandis qu'immobiles comme elles
Veillaient stupidement les mornes sentinelles,
Les trois têtes soudain parlèrent; et leurs voix
Ressemblaient à ces chants qu'on entend dans les rêves,
Aux bruits confus du flot qui s'endort sur les grèves,
Du vent qui s'endort dans les bois.

III

LA PREMIÈRE VOIX

« Où suis-je?... Mon brûlot! à la voile! à la rame!
» Frères, Missolonghi fumante nous réclame,
» Les turcs ont investi ses remparts généreux.
» Renvoyons leurs vaisseaux à leurs villes lointaines,
» Et que ma torche, ô capitaines!
» Soit un phare pour vous, soit un foudre pour eux!

» Partons! Adieu, Corinthe et son haut promontoire,
» Mers dont chaque rocher porte un nom de victoire,
» Écueils de l'Archipel sur tous les flots semés,
» Belles îles, des cieux et du printemps chéries,
» Qui le jour paraissez des corbeilles fleuries,
» La nuit, des vases parfumés.

» Adieu, fière patrie, Hydra, Sparte nouvelle!
» Ta jeune liberté par des chants se révèle;
» Des mâts voilent tes murs, ville de matelots.
» Adieu! j'aime ton île où notre espoir se fonde,

» Tes gazons caressés par l'onde,
» Tes rocs battus d'éclairs et rongés par les flots.

» Frères, si je reviens, Missolonghi sauvée,
» Qu'une église nouvelle au Christ soit élevée.
» Si je meurs, si je tombe en la nuit sans réveil,
» Si je verse le sang qui me reste à répandre,
» Dans une terre libre allez porter ma cendre,
» Et creusez ma tombe au soleil!

» Missolonghi! — Les Turcs! — Chassons, ô camarades,
» Leurs canons de ses forts, leurs flottes de ses rades.
» Brûlons le capitan sous son triple canon.
» Allons! que des brûlots l'ongle ardent se prépare.
» Sur sa nef, si je m'en empare,
» C'est en lettres de feu que j'écrirai mon nom.

» Victoire! amis... — O ciel! de mon esquif agile
» Une bombe en tombant brise le pont fragile...
» Il éclate, il tournoie, il s'ouvre aux flots amers!
» Ma bouche crie en vain, par les vagues couverte!
» Adieu! je vais trouver mon linceul d'algue verte,
» Mon lit de sable au fond des mers.

» Mais non! je me réveille enfin!... Mais quel mystère?
» Quel rêve affreux!... mon bras manque à mon cimeterre.
» Quel est donc près de moi ce sombre épouvantail?
» Qu'entends-je au loin?... des chœurs.. sont-ce des voix [de femmes?
» Des chants murmurés par des âmes?
» Ces concerts!... suis-je au ciel?... — Du sang!... c'est [le sérail! »

IV

LA DEUXIÈME VOIX

« Oui, Canaris, tu vois le sérail, et ma tête
» Arrachée au cercueil pour orner cette fête.
» Les turcs m'ont poursuivi sous mon tombeau glacé.
» Vois! ces os desséchés sont leur dépouille opime.
» Voilà de Botzaris ce qu'au sultan sublime
» Le ver du sépulcre a laissé[1]!

» Écoute : Je dormais dans le fond de ma tombe,
» Quand un cri m'éveilla : *Missolonghi succombe!*
» Je me lève à demi dans la nuit du trépas;
» J'entends des canons sourds les tonnantes volées,
» Les clameurs aux clameurs mêlées,
» Les chocs fréquents du fer, le bruit pressé des pas.

» J'entends, dans le combat qui remplissait la ville,
» Des voix crier : « Défends d'une horde servile,
» Ombre de Botzaris, tes Grecs infortunés! »
» Et moi, pour m'échapper, luttant dans les ténèbres,
» J'achevais de briser sur les marbres funèbres
» Tous mes ossements décharnés.

» Soudain, comme un volcan, le sol s'embrase et [gronde... —
» Tout se tait; — et mon œil, ouvert pour l'autre monde,
» Voit ce que nul vivant n'eût pu voir de ses yeux.
» De la terre, des flots, du sein profond des flammes,
» S'échappaient des tourbillons d'âmes
» Qui tombaient dans l'abîme ou s'envolaient aux cieux!

» Les Musulmans vainqueurs dans ma tombe fouillèrent;
» Ils mêlèrent ma tête aux vôtres qu'ils souillèrent.
» Dans le sac du Tartare on les jeta sans choix.
» Mon corps décapité tressaillit d'allégresse;
» Il me semblait, ami, pour la Croix et la Grèce
» Mourir une seconde fois.

» Sur la terre aujourd'hui notre destin s'achève.
» Stamboul, pour contempler cette moisson du glaive,
» Vile esclave, s'émeut du Fanar aux Sept-Tours;
» Et nos têtes, qu'on livre aux publiques risées,
» Sur l'impur sérail exposées,
» Repaissent le sultan, convive des vautours!

» Voilà tous nos héros! Costas le palicare;
» Christo, du mont Olympe; Hellas, des mers d'Icare;
» Kitzos, qu'aimait Byron, le poète immortel;
» Et cet enfant des monts, notre ami, notre émule,
» Mayer, qui rapportait aux fils de Thrasybule
» La flèche de Guillaume Tell[1]!

» Mais ces morts inconnus, qui dans nos rangs stoïques
» Confondent leurs fronts vils à des fronts héroïques,
» Ce sont des fils maudits d'Eblis et de Satan,
» Des turcs, obscur troupeau, foule au sabre asservie,
» Esclaves dont on prend la vie
» Quand il manque une tête au compte du sultan!

» Semblable au Minotaure inventé par nos pères,
» Un homme est seul vivant dans ces hideux repaires,
» Qui montrent nos lambeaux aux peuples à genoux;
» Car les autres témoins de ces fêtes fétides,

» Ses ennuques impurs, ses muets homicides,
» Ami, sont aussi morts que nous.
[infâmes
» Quels sont ces cris?... — C'est l'heure où ses plaisirs
» Ont réclamé nos sœurs, nos filles et nos femmes.
» Ces fleurs vont se flétrir à son souffle inhumain.
» Le tigre impérial, rugissant dans sa joie,
» Tour à tour compte chaque proie,
» Nos vierges cette nuit, et nos têtes demain! »

V

LA TROISIÈME VOIX

« O mes frères, Joseph, évêque, vous salue[1].
» Missolonghi n'est plus! A sa mort résolue,
» Elle a fui la famine et son venin rongeur.
» Enveloppant les turcs dans son malheur suprême,
» Formidable victime, elle a mis elle-même
» La flamme à son bûcher vengeur.

» Voyant depuis vingt jours notre ville affamée,
» J'ai crié : « Venez tous, il est temps, peuple, armée!
» Dans le saint sacrifice il faut nous dire adieu.
» Recevez de mes mains, à la table céleste,
» Le seul aliment qui nous reste,
» Le pain qui nourrit l'âme et la transforme en dieu!

» Quelle communion! Des mourants immobiles,
» Cherchant l'hostie offerte à leurs lèvres débiles,

» Des soldats défaillants, mais encor redoutés,
» Des femmes, des vieillards, des vierges désolées,
» Et sur le sein flétri des mères mutilées,
» Des enfants de sang allaités!

» La nuit vint, on partit; mais les Turcs dans les ombres
» Assiégèrent bientôt nos morts et nos décombres.
» Mon église s'ouvrit à leurs pas inquiets :
» Sur un débris d'autel, leur dernière conquête,
» Un sabre fit rouler ma tête...
« J'ignore quelle main me frappa : je priais.

» Frères, plaignez Mahmoud! Né dans sa loi barbare,
» Des hommes et de Dieu son pouvoir le sépare.
» Son aveugle regard ne s'ouvre pas au ciel.
» Sa couronne fatale, et toujours chancelante,
» Porte à chaque fleuron une tête sanglante[1];
» Et peut-être il n'est pas cruel!

» Le malheureux, en proie aux terreurs implacables,
» Perd pour l'éternité ses jours irrévocables.
» Rien ne marque pour lui les matins et les soirs.
» Toujours l'ennui! Semblable aux idoles qu'ils dorent,
» Ses esclaves de loin l'adorent,
» Et le fouet d'un spahi règle leurs encensoirs.

» Mais pour vous tout est joie, honneur, fête, victoire.
» Sur la terre vaincus, vous vaincrez dans l'histoire.
» Frères, Dieu vous bénit sur le sérail fumant.
» Vos gloires par la mort ne sont pas étouffées;
» Vos têtes sans tombeaux deviennent vos trophées;
» Vos débris sont un monument!

» Que l'apostat surtout vous envie! Anathème
» Au chrétien qui souilla l'eau sainte du baptême!
» Sur le livre de vie en vain il fut compté :
» Nul ange ne l'attend dans les cieux où nous sommes;
» Et son nom, exécré des hommes,
» Sera, comme un poison, des bouches rejeté!

» Et toi, chrétienne Europe, entends nos voix plaintives
» Jadis, pour nous sauver, saint Louis vers nos rives
» Eût de ses chevaliers guidé l'arrière-ban.
» Choisis enfin, avant que ton Dieu ne se lève,
» De Jésus et d'Omar, de la croix et du glaive,
» De l'auréole et du turban. »

VI

Oui, Botzaris, Joseph, Canaris, ombres saintes,
Elle entendra vos voix, par le trépas éteintes;
Elle verra le signe empreint sur votre front;
Et, soupirant ensemble un chant expiatoire,
A vos débris sanglants portant leur double gloire,
Sur la harpe et le luth les deux Grèces diront :

« Hélas! vous êtes saints et vous êtes sublimes,
» Confesseurs, demi-dieux, fraternelles victimes!
» Votre bras aux combats s'est longtemps signalé;
» Morts, vous êtes tous trois souillés par des mains viles.
» Voici votre Calvaire après vos Thermopyles;
» Pour tous les dévouements votre sang a coulé.

» Ah! si l'Europe en deuil, qu'un sang si pur menace,
» Ne suit jusqu'au sérail le chemin qu'il lui trace,
» Le Seigneur la réserve à d'amers repentirs.
» Marin, prêtre, soldat, nos autels vous demandent,
» Car l'Olympe et le Ciel à la fois vous attendent,
» Pléiade de héros! trinité de martyrs! »

Juin 1826.

IV

ENTHOUSIASME

> **Allons, jeune homme! allons, marche!..**
> **ANDRÉ CHÉNIER**

En Grèce! en Grèce! adieu, vous tous! il faut partir!
Qu'enfin, après le sang de ce peuple martyr,
Le sang vil des bourreaux ruisselle!
En Grèce, ô mes amis! vengeance! liberté!
Ce turban sur mon front! ce sabre à mon côté!
Allons! ce cheval, qu'on le selle!

Quand partons-nous? Ce soir! demain serait trop long.
Des armes! des chevaux! un navire à Toulon!
Un navire, ou plutôt des ailes!
Menons quelques débris de nos vieux régiments,
Et nous verrons soudain ces tigres ottomans
Fuir avec des pieds de gazelles!

Commande-nous, Fabvier[1], comme un prince invoqué!
Toi qui seul fus au poste où les rois ont manqué,
Chef des hordes disciplinées,

Parmi les grecs nouveaux ombre d'un vieux romain,
Simple et brave soldat, qui dans ta rude main
D'un peuple as pris les destinées!

De votre long sommeil éveillez-vous là-bas,
Fusils français! et vous, musique des combats,
Bombes, canons, grêles cymbales!
Éveillez-vous, chevaux au pied retentissant,
Sabres, auxquels il manque une trempe de sang,
Longs pistolets gorgés de balles!

Je veux voir des combats, toujours au premier rang!
Voir comment les spahis s'épanchent en torrent
Sur l'infanterie inquiète;
Voir comment leur damas, qu'emporte leur coursier,
Coupe une tête au fil de son croissant d'acier!
Allons!... — mais quoi, pauvre poète,

Où m'emporte moi-même un accès belliqueux?
Les vieillards, les enfants m'admettent avec eux.
Que suis-je? — Esprit qu'un souffle enlève.
Comme une feuille morte, échappée aux bouleaux,
Qui sur une onde en pente erre de flots en flots,
Mes jours s'en vont de rêve en rêve.

Tout me fait songer: l'air, les prés, les monts, les bois.
J'en ai pour tout un jour des soupirs d'un hautbois,
D'un bruit de feuilles remuées;
Quand vient le crépuscule, au fond d'un vallon noir,
J'aime un grand lac d'argent, profond et clair miroir
Où se regardent les nuées.

J'aime une lune, ardente et rouge comme l'or,
Se levant dans la brume épaisse, ou bien encor
Blanche au bord d'un nuage sombre;
J'aime ces chariots lourds et noirs, qui la nuit,
Passant devant le seuil des fermes avec bruit,
Font aboyer les chiens dans l'ombre.

1827.

V

NAVARIN[1]

> Ἰὴ ἰή, τρισκάλμοισιν.
> Ἰὴ ἰή, βάρισιν ὀλόμενοι.
> ESCHYLE. *Les Perses.*
>
> Hélas! hélas! nos vaisseaux,
> Hélas! hélas! sont détruits.

I

Canaris! Canaris! pleure! cent vingt vaisseaux!
Pleure! Une flotte entière! — Où donc, démon des eaux,
Où donc était ta main hardie?
Se peut-il que sans toi l'Ottoman succombât?
Pleure! comme Crillon exilé d'un combat[2],
Tu manquais à cet incendie!

Jusqu'ici, quand parfois la vague de tes mers
Soudain s'ensanglantait, comme un lac des enfers,
D'une lueur large et profonde,
Si quelque lourd navire éclatait à nos yeux,
Couronné tout à coup d'une aigrette de feux,
Comme un volcan s'ouvrant dans l'onde;

Si la lame roulait turbans, sabres courbés,
Voiles, tentes, croissants des mâts rompus tombés,
Vestiges de flotte et d'armée,
Pelisses de vizirs, sayons de matelots,

Rebuts stigmatisés de la flamme et des flots,
Blancs d'écume et noirs de fumée;

Si partait de ces mers d'Égine ou d'Iolchos
Un bruit d'explosion, tonnant dans mille échos
Et roulant au loin dans l'espace,
L'Europe se tournait vers le rouge Orient;
Et, sur la poupe assis, le nocher souriant
Disait : — C'est Canaris qui passe!

Jusqu'ici, quand brûlaient au sein des flots fumants
Les capitans-pachas avec leurs armements,
Leur flotte dans l'ombre engourdie,
On te reconnaissait à ce terrible jeu;
Ton brûlot expliquait tous ces vaisseaux en feu;
Ta torche éclairait l'incendie!

Mais pleure aujourd'hui, pleure, on s'est battu sans toi!
Pourquoi, sans Canaris, sur ces flottes, pourquoi
Porter la guerre et ses tempêtes?
Du Dieu qui garde Hellé n'est-il plus le bras droit?
On aurait dû l'attendre! Et n'est-il pas de droit
Convive de toutes ces fêtes?

II

Console-toi : la Grèce est libre.
Entre les bourreaux, les mourants,
L'Europe a remis l'équilibre;
Console-toi : plus de tyrans!
La France combat : le sort change.
Souffre que sa main qui vous venge
Du moins te dérobe en échange

Une feuille de ton laurier.
Grèces de Byron et d'Homère,
Toi, notre sœur, toi, notre mère,
Chantez! si votre voix amère
Ne s'est pas éteinte à crier.

Pauvre Grèce, qu'elle était belle,
Pour être couchée au tombeau!
Chaque vizir de la rebelle
S'arrachait un sacré lambeau.
Où la fable mit ses ménades,
Où l'amour eut ses sérénades,
Grondaient les sombres canonnades
Sapant les temples du vrai Dieu;
Le ciel de cette terre aimée
N'avait, sous sa voûte embaumée,
De nuages que la fumée
De toutes ses villes en feu.

Voilà six ans qu'ils l'ont choisie!
Six ans qu'on voyait accourir
L'Afrique[1] au secours de l'Asie
Contre un peuple instruit à mourir.
Ibrahim, que rien ne modère,
Vole de l'Isthme au Belvédère[2],
Comme un faucon qui n'a plus d'aire,
Comme un loup qui règne au bercail;
Il court où le butin le tente,
Et lorsqu'il retourne à sa tente,
Chaque fois sa main dégouttante
Jette des têtes au sérail!

III

Enfin! — C'est Navarin, la ville aux maisons peintes,
La ville aux dômes d'or, la blanche Navarin,
Sur la colline assise entre les térébynthes,
Qui prête son beau golfe aux ardentes étreintes
De deux flottes heurtant leurs carènes d'airain.

Les voilà toutes deux! — La mer en est chargée,
Prête à noyer leurs feux, prête à boire leur sang.
Chacune par son dieu semble au combat rangée;
L'une s'étend en croix sur les flots allongée,
L'autre ouvre ses bras lourds et se courbe en croissant.

Ici, l'Europe : enfin! l'Europe qu'on déchaîne,
Avec ses grands vaisseaux voguant comme des tours.
Là, l'Égypte des turcs, cette Asie africaine,
Ces vivaces forbans, mal tués par Duquesne[1],
Qui mit en vain le pied sur ces nids de vautours.

IV

Écoutez! — Le canon gronde.
Il est temps qu'on lui réponde.
Le patient est le fort.
Éclatent donc les bordées!
Sur ces nefs intimidées,
Frégates, jetez la mort!

Et qu'au souffle de vos bouches
Fondent ces vaisseaux farouches,
Broyés aux rochers du port!

La bataille enfin s'allume.
Tout à la fois tonne et fume.
La mort vole où nous frappons.
Là, tout brûle pêle-mêle.
Ici, court le brûlot frêle
Qui jette aux mâts ses crampons,
Et, comme un chacal dévore
L'éléphant qui lutte encore,
Ronge un navire à trois ponts.

— L'abordage! l'abordage! —
On se suspend au cordage,
On s'élance des haubans.
La poupe heurte la proue.
La mêlée a dans sa roue
Rameurs courbés sur leurs bancs,
Fantassins cherchant la terre,
L'épée et le cimeterre,
Les casques et les turbans!

La vergue aux vergues s'attache;
La torche insulte à la hache;
Tout s'attaque en même temps.
Sur l'abîme la mort nage.
Épouvantable carnage!
Champs de bataille flottants,
Qui, battus de cent volées,
S'écroulent sous les mêlées,
Avec tous leurs combattants!

V

Lutte horrible! Ah! quand l'homme, à l'étroit sur la [terre,
Jusque sur l'Océan précipite la guerre,
Le sol tremble sous lui, tandis qu'il se débat.
La mer, la grande mer joue avec ses batailles.
Vainqueurs, vaincus, à tous elle ouvre ses entrailles.
Le naufrage éteint le combat.

O spectacle! Tandis que l'Afrique grondante
Bat nos puissants vaisseaux de sa flotte imprudente,
Qu'elle épuise à leurs flancs sa rage et ses efforts,
Chacun d'eux, géant fier, sur ces hordes bruyantes,
Ouvrant à temps égaux ses gueules foudroyantes,
Vomit tranquillement la mort de tous ses bords!

Tout s'embrase : voyez! l'eau de cendre est semée,
Le vent aux mâts en flamme arrache la fumée,
Le feu sur les tillacs s'abat en ponts mouvants.
Déjà brûlent les nefs; déjà, sourde et profonde,
La flamme en leurs flancs noirs ouvre un passage à l'onde;
Déjà, sur les ailes des vents,

L'incendie, attaquant la frégate amirale,
Déroule autour des mâts son ardente spirale,
Prend les marins hurlants dans ses brûlants réseaux,
Couronne de ses jets la poupe inabordable,
Triomphe, et jette au loin un reflet formidable
Qui tremble, élargissant ses cercles sur les eaux!

VI

Où sont, enfants du Caire,
Ces flottes qui naguère
Emportaient à la guerre
Leurs mille matelots?
Ces voiles, où sont-elles,
Qu'armaient les infidèles,
Et qui prêtaient leurs ailes
A l'ongle des brûlots?

Où sont tes mille antennes,
Et tes hunes hautaines,
Et tes fiers capitaines,
Armada du sultan?
Ta ruine commence,
Toi qui, dans ta démence,
Battais les mers, immense
Comme Léviathan!

Le capitan qui tremble
Voit éclater ensemble
Ces chébecs que rassemble
Alger ou Tetuan.
Le feu vengeur embrasse
Son vaisseau dont la masse
Soulève, quand il passe,
Le fond de l'Océan.

Sur les mers irritées,
Dérivent, démâtées,
Nefs par les nefs heurtées,

Yachts aux mille couleurs,
Galères capitanes,
Caïques et tartanes
Qui portaient aux sultanes
Des têtes et des fleurs.

Adieu, sloops intrépides,
Adieu, jonques rapides,
Qui sur les eaux limpides
Berçaient les icoglans[1]!
Adieu la goëlette
Dont la vague reflète
Le flamboyant squelette,
Noir dans les feux sanglants!

Adieu la barcarolle[2]
Dont l'humble banderole
Autour des vaisseaux vole,
Et qui, peureuse, fuit,
Quand du souffle des brises
Les frégates surprises,
Gonflant leurs voiles grises,
Déferlent à grand bruit!

Adieu la caravelle
Qu'une voile nouvelle
Aux yeux de loin révèle;
Adieu le dogre ailé,
Le brick dont les amures[3]
Rendent de sourds murmures,
Comme un amas d'armures
Par le vent ébranlé!

Adieu la brigantine,
Dont la voile latine[1]
Du flot qui se mutine
Fend les vallons amers!
Adieu la balancelle
Qui sur l'onde chancelle,
Et, comme une étincelle,
Luit sur l'azur des mers!

Adieu lougres difformes[2],
Galéaces énormes,
Vaisseaux de toutes formes,
Vaisseaux de tous climats,
L'yole aux triples flammes,
Les mahonnes, les prames,
La felouque à six rames,
La polacre à deux mâts!

Chaloupes canonnières!
Et lanches marinières
Où flottaient les bannières
Du pacha souverain!
Bombardes que la houle,
Sur son front qui s'écroule,
Soulève, emporte et roule
Avec un bruit d'airain!

Adieu, ces nefs bizarres,
Caraques et gabarres,
Qui de leurs cris barbares

Troublaient Chypre et Délos!
Que sont donc devenues
Ces flottes trop connues?
La mer les jette aux nues,
Le ciel les rend aux flots!

VII

Silence! Tout est fait. Tout retombe à l'abîme.
L'écume des hauts mâts a recouvert la cime.
Des vaisseaux du sultan les flots se sont joués.
Quelques-uns, bricks rompus, prames désemparées,
Comme l'algue des eaux qu'apportent les marées,
Sur la grève noircie expirent échoués.

Ah! c'est une victoire! — Oui, l'Afrique défaite,
Le vrai Dieu sous ses pieds foulant le faux prophète,
Les tyrans, les bourreaux criant grâce à leur tour,
Ceux qui meurent enfin sauvés par ceux qui règnent,
Hellé lavant ses flancs qui saignent,
Et six ans vengés dans un jour!

Depuis assez longtemps les peuples disaient : « Grèce!
» Grèce! Grèce! tu meurs. Pauvre peuple en détresse,
» A l'horizon en feu chaque jour tu décroîs.
» En vain, pour te sauver, patrie illustre et chère,
» Nous réveillons le prêtre endormi dans sa chaire,
» En vain nous mendions une armée à nos rois.

» Mais les rois restent sourds, les chaires sont muettes.
» Ton nom n'échauffe ici que des cœurs de poètes.
» A la gloire, à la vie on demande tes droits.
» A la croix grecque, Hellé, ta valeur se confie... —
» C'est un peuple qu'on crucifie!
» Qu'importe, hélas! sur quelle croix!

» Tes dieux s'en vont aussi. Parthénon, Propylées,
» Murs de Grèce, ossements des villes mutilées,
» Vous devenez une arme aux mains des mécréants.
» Pour battre ses vaisseaux du haut des Dardanelles,
» Chacun de vos débris, ruines solennelles,
» Donne un boulet de marbre à leurs canons géants! »

Qu'on change cette plainte en joyeuse fanfare!
Une rumeur surgit de l'Isthme jusqu'au Phare.
Regardez ce ciel noir plus beau qu'un ciel serein.
Le vieux colosse turc sur l'Orient retombe,
La Grèce est libre, et dans la tombe
Byron applaudit Navarin.

Salut donc, Albion, vieille reine des ondes!
Salut, aigle des czars qui planes sur deux mondes!
Gloire à nos fleurs de lys, dont l'éclat est si beau!
L'Angleterre aujourd'hui reconnaît sa rivale.
Navarin la lui rend. Notre gloire navale
A cet embrasement rallume son flambeau.

Je te retrouve, Autriche! — Oui, la voilà, c'est elle!
Non pas ici, mais là, — dans la flotte infidèle.

Parmi les rangs chrétiens en vain on te chercha.
Nous surprenons, honteuse et la tête penchée,
    Ton aigle au double front cachée
    Sous les crinières d'un pacha!

C'est bien ta place, Autriche! — On te voyait naguère
Briller près d'Ibrahim, ce Tamerlan vulgaire;
Tu dépouillais les morts qu'il foulait en passant;
Tu l'admirais, mêlée aux eunuques serviles,
Promenant au hasard sa torche dans les villes,
Horrible, et n'éteignant le feu qu'avec du sang.

Tu préférais ces feux aux clartés de l'aurore.
Aujourd'hui qu'à leur tour la flamme enfin dévore
Ses noirs vaisseaux, vomis des ports égyptiens,
Rouvre les yeux, regarde, Autriche abâtardie[1]!
    Que dis-tu de cet incendie?
    Est-il aussi beau que les siens?

23 novembre 1827.

VI

CRI DE GUERRE DU MUFTI

Hierro, despierta te!
Cri de guerre des Almogavares.

Fer, réveille-toi!

En guerre les guerriers! Mahomet! Mahomet!
Les chiens mordent les pieds du lion qui dormait,
Ils relèvent leur tête infâme.
Écrasez, ô croyants du prophète divin,
Ces chancelants soldats qui s'enivrent de vin,
Ces hommes qui n'ont qu'une femme!

Meure la race franque et ses rois détestés!
Spahis, timariots[1], allez, courez, jetez
A travers les sombres mêlées
Vos sabres, vos turbans, le bruit de votre cor,
Vos tranchants étriers, larges triangles d'or,
Vos cavales échevelées!

Qu'Othman[2], fils d'Ortogrul, vive en chacun de vous.
Que l'un ait son regard et l'autre son courroux.
Allez, allez, ô capitaines!
Et nous te reprendrons, ville aux dômes d'azur,
Molle Setiniah[3], qu'en leur langage impur
Les barbares nomment Athènes!

21 octobre 1828.

VII

LA DOULEUR DU PACHA

Séparé de tout ce qui m'était cher,
je me consume solitaire et désolé.

BYRON.

— Qu'a donc l'ombre d'Allah? disait l'humble derviche;
Son aumône est bien pauvre et son trésor bien riche!
Sombre, immobile, avare, il rit d'un rire amer.
A-t-il donc ébréché le sabre de son père?
Ou bien de ses soldats autour de son repaire
Vu rugir l'orageuse mer?

— Qu'a-t-il donc le pacha, le vizir des armées?
Disaient les bombardiers, leurs mèches allumées.
Les imans troublent-ils cette tête de fer?
A-t-il du ramazan rompu le jeûne austère?
Lui font-ils voir en rêve, aux bornes de la terre,
L'ange Azraël debout sur le pont de l'enfer[1]?

— Qu'a-t-il donc? murmuraient les icoglans stupides.
Dit-on qu'il ait perdu, dans les courants rapides,

Le vaisseau des parfums qui le font rajeunir?
Trouve-t-on à Stamboul sa gloire assez ancienne?
Dans les prédictions de quelque égyptienne
A-t-il vu le muet venir?

— Qu'a donc le doux sultan? demandaient les sultanes.
A-t-il avec son fils surpris sous les platanes
Sa brune favorite aux lèvres de corail?
A-t-on souillé son bain d'une essence grossière?
Dans le sac du fellah, vidé sur la poussière,
Manque-t-il quelque tête attendue au sérail?

— Qu'a donc le maître? — Ainsi s'agitent les esclaves.
Tous se trompent. Hélas! si, perdu pour ses braves,
Assis, comme un guerrier qui dévore un affront,
Courbé comme un vieillard sous le poids des années,
Depuis trois longues nuits et trois longues journées,
Il croise ses mains sur son front;

Ce n'est pas qu'il ait vu la révolte infidèle,
Assiégeant son harem comme une citadelle,
Jeter jusqu'à sa couche un sinistre brandon;
Ni d'un père en sa main s'émousser le vieux glaive;
Ni paraître Azraël; ni passer dans un rêve
Les muets bigarrés armés du noir cordon.

Hélas! l'ombre d'Allah n'a pas rompu le jeûne;
La sultane est gardée, et son fils est trop jeune;
Nul vaisseau n'a subi d'orages importuns;
Le tartare avait bien sa charge accoutumée;
Il ne manque au sérail, solitude embaumée,
Ni les têtes ni les parfums.

Ce ne sont pas non plus les villes écroulées,
Les ossements humains noircissant les vallées,
La Grèce incendiée, en proie aux fils d'Omar,
L'orphelin, ni la veuve, et ses plaintes amères,
Ni l'enfance égorgée aux yeux des pauvres mères,
Ni la virginité marchandée au bazar;

Non, non, ce ne sont pas ces figures funèbres,
Qui, d'un rayon sanglant luisant dans les ténèbres,
En passant dans son âme ont laissé le remord.
Qu'a-t-il donc ce pacha, que la guerre réclame,
Et qui, triste et rêveur, pleure comme une femme?... —
Son tigre de Nubie est mort.

1er décembre 1827.

VIII

CHANSON DE PIRATES

Alerte! alerte! voici les pirates d'Ochali qui traversent le détroit.
Le Captif d'Ochali[1].

Nous emmenions en esclavage
Cent chrétiens, pêcheurs de corail;
Nous recrutions pour le sérail
Dans tous les moûtiers du rivage.
En mer, les hardis écumeurs!
Nous allions de Fez à Catane...
Dans la galère capitane
Nous étions quatrevingts rameurs.

On signale un couvent à terre.
Nous jetons l'ancre près du bord.
A nos yeux s'offre tout d'abord
Une fille du monastère.
Près des flots, sourde à leurs rumeurs,
Elle dormait sous un platane...
Dans la galère capitane
Nous étions quatrevingts rameurs.

— La belle fille, il faut vous taire,
Il faut nous suivre. Il fait bon vent.
Ce n'est que changer de couvent.
Le harem vaut le monastère.

Sa hautesse aime les primeurs,
Nous vous ferons mahométane...
Dans la galère capitane
Nous étions quatrevingts rameurs.

Elle veut fuir vers sa chapelle.
— Osez-vous bien, fils de Satan?
— Nous osons, dit le capitan.
Elle pleure, supplie, appelle.
Malgré sa plainte et ses clameurs,
On l'emporta dans la tartane...
Dans la galère capitane
Nous étions quatrevingts rameurs.

Plus belle encor dans sa tristesse,
Ses yeux étaient deux talismans.
Elle valait mille tomans;
On la vendit à sa hautesse.
Elle eut beau dire : Je me meurs!
De nonne elle devint sultane...
Dans la galère capitane
Nous étions quatrevingts rameurs.

12 mars 1828.

IX

LA CAPTIVE

On entendait le chant des oiseaux aussi harmonieux que la poésie.
SADI. *Gulistan.*

Si je n'étais captive,
J'aimerais ce pays,
Et cette mer plaintive,
Et ces champs de maïs,
Et ces astres sans nombre,
Si le long du mur sombre
N'étincelait dans l'ombre
Le sabre des spahis.

Je ne suis point tartare
Pour qu'un eunuque noir
M'accorde ma guitare,
Me tienne mon miroir.
Bien loin de ces Sodomes[1],
Au pays dont nous sommes,
Avec les jeunes hommes
On peut parler le soir.

Pourtant j'aime une rive
Où jamais des hivers
Le souffle froid n'arrive
Par les vitraux ouverts,

L'été, la pluie est chaude,
L'insecte vert qui rôde
Luit, vivante émeraude,
Sous les brins d'herbe verts.

Smyrne est une princesse
Avec son beau chapel;
L'heureux printemps sans cesse
Répond à son appel,
Et, comme un riant groupe
De fleurs dans une coupe,
Dans ses mers se découpe
Plus d'un frais archipel.

J'aime ces tours vermeilles,
Ces drapeaux triomphants,
Ces maisons d'or, pareilles
A des jouets d'enfants;
J'aime, pour mes pensées
Plus mollement bercées,
Ces tentes balancées
Au dos des éléphants.

Dans ce palais de fées,
Mon cœur, plein de concerts,
Croit, aux voix étouffées
Qui viennent des déserts,
Entendre les génies
Mêler les harmonies
Des chansons infinies
Qu'ils chantent dans les airs!

J'aime de ces contrées
Les doux parfums brûlants,
Sur les vitres dorées
Les feuillages tremblants,
L'eau que la source épanche
Sous le palmier qui penche,
Et la cigogne blanche
Sur les minarets blancs.

J'aime en un lit de mousses
Dire un air espagnol,
Quand mes compagnes douces,
Du pied rasant le sol,
Légion vagabonde
Où le sourire abonde,
Font tournoyer leur ronde
Sous un rond parasol.

Mais surtout, quand la brise
Me touche en voltigeant,
La nuit j'aime être assise,
Être assise en songeant,
L'œil sur la mer profonde,
Tandis que, pâle et blonde,
La lune ouvre dans l'onde
Son éventail d'argent.

7 juillet 1828.

X

CLAIR DE LUNE

Per amica silentia lunae[1].
VIRGILE.

La lune était sereine et jouait sur les flots. —
La fenêtre enfin libre est ouverte à la brise,
La sultane regarde, et la mer qui se brise,
Là-bas, d'un flot d'argent brode les noirs îlots.

De ses doigts en vibrant s'échappe la guitare.
Elle écoute... Un bruit sourd frappe les sourds échos.
Est-ce un lourd vaisseau turc qui vient des eaux de Cos,
Battant l'archipel grec de sa rame tartare?

Sont-ce des cormorans qui plongent tour à tour,
Et coupent l'eau, qui roule en perles sur leur aile?
Est-ce un djinn[2] qui là-haut siffle d'une voix grêle,
Et jette dans la mer les créneaux de la tour?

Qui trouble ainsi les flots près du sérail des femmes?—
Ni le noir cormoran, sur la vague bercé,
Ni les pierres du mur, ni le bruit cadencé
Du lourd vaisseau, rampant sur l'onde avec des rames.

Ce sont des sacs pesants, d'où partent des sanglots.
On verrait, en sondant la mer qui les promène,
Se mouvoir dans leurs flancs comme une forme
[humaine... —
La lune était sereine et jouait sur les flots.

2 septembre 1828.

XI

LE VOILE

Avez-vous prié Dieu ce soir, Desdemona?
SHAKESPEARE.

LA SŒUR

— Qu'avez-vous, qu'avez-vous mes frères?
Vous baissez des fronts soucieux.
Comme des lampes funéraires,
Vos regards brillent dans vos yeux.
Vos ceintures sont déchirées.
Déjà trois fois, hors de l'étui,
Sous vos doigts, à demi tirées,
Les lames des poignards ont lui.

LE FRÈRE AÎNÉ

N'avez-vous pas levé votre voile aujourd'hui?

LA SŒUR

Je revenais du bain, mes frères,
Seigneurs, du bain je revenais,
Cachée aux regards téméraires
Des giaours et des albanais.

En passant près de là mosquée
Dans mon palanquin recouvert,
L'air de midi m'a suffoquée :
Mon voile un instant s'est ouvert.

LE SECOND FRÈRE

Un homme alors passait? un homme en caftan vert?

LA SŒUR

Oui... peut-être... mais son audace
N'a point vu mes traits dévoilés...
Mais vous vous parlez à voix basse,
A voix basse vous vous parlez.
Vous faut-il du sang? Sur votre âme,
Mes frères, il n'a pu me voir.
Grâce! tuerez-vous une femme,
Faible et nue en votre pouvoir?

LE TROISIÈME FRÈRE

Le soleil était rouge à son coucher ce soir.

LA SŒUR

Grâce! qu'ai-je fait? Grâce! grâce!
Dieu! quatre poignards dans mon flanc!
Ah! par vos genoux que j'embrasse...
O mon voile! ô mon voile blanc!

Ne fuyez pas mes mains qui saignent,
Mes frères, soutenez mes pas!
Car sur mes regards qui s'éteignent
S'étend un voile de trépas.

LE QUATRIÈME FRÈRE

C'en est un que du moins tu ne lèveras pas!

1er septembre 1828.

XII

LA SULTANE FAVORITE

Perfide comme l'onde.
SHAKESPEARE.

N'ai-je pas pour toi, belle juive,
Assez dépeuplé mon sérail?
Souffre qu'enfin le reste vive.
Faut-il qu'un coup de hache suive
Chaque coup de ton éventail?

Repose-toi, jeune maîtresse.
Fais grâce au troupeau qui me suit.
Je te fais sultane et princesse :
Laisse en paix tes compagnes, cesse
D'implorer leur mort chaque nuit.

Quand à ce penser tu t'arrêtes,
Tu viens plus tendre à mes genoux;
Toujours je comprends dans les fêtes
Que tu vas demander des têtes
Quand ton regard devient plus doux.

Ah! jalouse entre les jalouses!
Si belle avec ce cœur d'acier!
Pardonne à mes autres épouses.
Voit-on que les fleurs des pelouses
Meurent à l'ombre du rosier?

Ne suis-je pas à toi? Qu'importe,
Quand sur toi mes bras sont fermés,
Que cent femmes qu'un feu transporte
Consument en vain à ma porte
Leur souffle en soupirs enflammés?

Dans leur solitude profonde,
Laisse-les t'envier toujours;
Vois-les passer comme fuit l'onde;
Laisse-les vivre : à toi le monde!
A toi mon trône, à toi mes jours!

A toi tout mon peuple — qui tremble!
A toi Stamboul qui, sur ce bord
Dressant mille flèches ensemble,
Se berce dans la mer, et semble
Une flotte à l'ancre qui dort!

A toi, jamais à tes rivales,
Mes spahis aux rouges turbans,
Qui, se suivant sans intervalles,
Volent courbés sur leurs cavales
Comme des rameurs sur leurs bancs!

A toi Bassora[1], Trébizonde[2],
Chypre où de vieux noms sont gravés,
Fez où la poudre d'or abonde,
Mosul où trafique le monde[3],
Erzeroum[4] aux chemins pavés!

A toi Smyrne et ses maisons neuves
Où vient blanchir le flot amer!
Le Gange redouté des veuves[1]!
Le Danube qui par cinq fleuves
Tombe échevelé dans la mer!

Dis, crains-tu les filles de Grèce?
Les lys pâles de Damanhour[2]?
Ou l'œil ardent de la négresse
Qui, comme une jeune tigresse,
Bondit rugissante d'amour?

Que m'importe, juive adorée,
Un sein d'ébène, un front vermeil!
Tu n'es point blanche ni cuivrée,
Mais il semble qu'on t'a dorée
Avec un rayon de soleil.

N'appelle donc plus la tempête,
Princesse, sur ces humbles fleurs,
Jouis en paix de ta conquête,
Et n'exige pas qu'une tête
Tombe avec chacun de tes pleurs!

Ne songe plus qu'aux vrais platanes,
Au bain mêlé d'ambre et de nard,
Au golfe où glissent les tartanes...
Il faut au sultan des sultanes;
Il faut des perles au poignard!

22 octobre 1828.

XIII

LE DERVICHE

Ὅ ταν ἦναι πεπρωμένος'
Εἰς τὸν οὐρανὸν γραμμένος,
Τοῦ ἀνθρώπου ὁ χαμός,
Ὅ τι κάμῃ, ἀποθνήσκει.
Τὸνκρημνὸν παντοῦ εὑρίσκει.
Καὶ ὁ θάνατος αὐτός
Στὸ κρεββάτι του τὸν φθάνει,
Ὡσὰν βδέλλατὸν βυζάνει,
Καὶ τον θάπτει μοναχός.

Panago Soutzo[1].

Quand la perte d'un mortel est écrite dans le livre fatal de la destinée, quoi qu'il fasse il n'échappera jamais à son funeste avenir; la mort le poursuit partout; elle le surprend même dans son lit, suce de ses lèvres avides son sang, et l'emporte sur ses épaules.

Un jour Ali passait : les têtes les plus hautes
Se courbaient au niveau des pieds de ses arnautes[2];
Tout le peuple disait : Allah!
Un derviche soudain, cassé par l'âge aride,
Fendit la foule, prit son cheval par la bride,
Et voici comme il lui parla :

« Ali-Tépéléni[3], lumière des lumières,
Qui sièges au divan sur les marches premières,

Dont le grand nom toujours grandit,
Écoute-moi, vizir de ces guerriers sans nombre,
Ombre du padischah qui de Dieu même est l'ombre,
Tu n'es qu'un chien et qu'un maudit!

« Un flambeau du sépulcre à ton insu t'éclaire.
Comme un vase trop plein tu répands ta colère
Sur tout un peuple frémissant;
Tu brilles sur leurs fronts comme une faulx dans l'herbe,
Et tu fais un ciment à ton palais superbe
De leurs os broyés dans leur sang.

« Mais ton jour vient. Il faut, dans Janina qui tombe,
Que sous tes pas enfin croule et s'ouvre la tombe;
Dieu te garde un carcan de fer
Sous l'arbre du segjin[1] chargé d'âmes impies
Qui sur ses rameaux noirs frissonnent accroupies,
Dans la nuit du septième enfer!

« Ton âme fuira nue; au livre de tes crimes
Un démon te lira les noms de tes victimes;
Tu les verras autour de toi,
Ces spectres, teints du sang qui n'est plus dans leurs veines,
Se presser, plus nombreux que les paroles vaines
Que balbutiera ton effroi!

« Ceci t'arrivera, sans que ta forteresse
Ou ta flotte te puisse aider dans ta détresse
De sa rame ou de son canon;
Quand même Ali-Pacha, comme le juif immonde,
Pour tromper l'ange noir qui l'attend hors du monde,
En mourant changerait de nom! »

Ali sous sa pelisse avait un cimeterre,
Un tromblon tout chargé, s'ouvrant comme un cratère,
Trois longs pistolets, un poignard;
Il écouta le prêtre et lui laissa tout dire,
Pencha son front rêveur, puis avec un sourire
Donna sa pelisse au vieillard.

8 novembre 1828.

XIV

LE CHÂTEAU-FORT

"Ἔῤῥωσο[1]!

A quoi pensent ces flots, qui baisent sans murmure
Les flancs de ce rocher luisant comme une armure?
Quoi donc! n'ont-ils pas vu dans leur propre miroir,
Que ce roc, dont le pied déchire leurs entrailles,
A sur sa tête un fort, ceint de blanches murailles,
Roulé comme un turban autour de son front noir?

Que font-ils? à qui donc gardent-ils leur colère?
Allons! acharne-toi sur ce cap séculaire,
O mer! Trêve un moment aux pauvres matelots!
Ronge, ronge ce roc! qu'il chancelle, qu'il penche,
Et tombe enfin, avec sa forteresse blanche,
La tête la première, enfoncé dans les flots!

Dis, combien te faut-il de temps, ô mer fidèle,
Pour jeter bas ce roc avec sa citadelle?
Un jour? un an? un siècle?... au nid du criminel
Précipite toujours ton eau jaune de sable!
Que t'importe le temps, ô mer intarissable?
Un siècle est comme un flot dans ton gouffre éternel.

Engloutis cet écueil! que ta vague l'efface
Et sur son front perdu toujours passe et repasse!

Que l'algue aux verts cheveux dégrade ses contours!
Que, sur son flanc couché, dans ton lit sombre il dorme!
Qu'on n'y distingue plus sa forteresse informe!
Que chaque flot emporte une pierre à ses tours!

Afin que rien n'en reste au monde, et qu'on respire
De ne plus voir la tour d'Ali, pacha d'Épire;
Et qu'un jour, côtoyant les bords qu'Ali souilla,
Si le marin de Cos dans la mer ténébreuse
Voit un grand tourbillon dont le centre se creuse,
Aux passagers muets il dise : c'était là!

26 novembre 1828.

XV

MARCHE TURQUE

Là – Allah – Ellàllah!
KORAN.

Il n'y a d'autre dieu que Dieu.

Ma dague d'un sang noir à mon côté ruisselle,
Et ma hache est pendue à l'arçon de ma selle.

J'aime le vrai soldat, effroi de Bélial;
Son turban évasé rend son front plus sévère,
Il baise avec respect la barbe de son père,
Il voue à son vieux sabre un amour filial,
Et porte un doliman, percé dans les mêlées
De plus de coups, que n'a de taches étoilées
La peau du tigre impérial.

Ma dague d'un sang noir à mon côté ruisselle,
Et ma hache est pendue à l'arçon de ma selle.

Un bouclier de cuivre à son bras sonne et luit,
Rouge comme la lune au milieu d'une brume.
Son cheval hennissant mâche un frein blanc d'écume;
Un long sillon de poudre en sa course le suit.
Quand il passe au galop sur le pavé sonore,

On fait silence, on dit : C'est un cavalier maure!
Et chacun se retourne au bruit.

Ma dague d'un sang noir à mon côté ruisselle,
Et ma hache est pendue à l'arçon de ma selle.

Quand dix mille giaours[1] viennent au son du cor,
Il leur répond; il vole, et d'un souffle farouche
Fait jaillir la terreur du clairon qu'il embouche,
Tue, et parmi les morts sent croître son essor,
Rafraîchit dans leur sang son caftan écarlate,
Et pousse son coursier qui se lasse, et le flatte
Pour en égorger plus encor!

Ma dague d'un sang noir à mon côté ruisselle,
Et ma hache est pendue à l'arçon de ma selle.

J'aime, s'il est vainqueur, quand s'est tu le tambour,
Qu'il ait sa belle esclave aux paupières arquées,
Et, laissant les imans qui prêchent aux mosquées
Boire du vin la nuit, qu'il en boive au grand jour;
J'aime, après le combat, que sa voix enjouée
Rie, et des cris de guerre encor tout enrouée,
Chante les houris et l'amour!

Ma dague d'un sang noir à mon côté ruisselle,
Et ma hache est pendue à l'arçon de ma selle.

Qu'il soit grave, et rapide à venger un affront;
Qu'il aime mieux savoir le jeu du cimeterre
Que tout ce qu'à vieillir on apprend sur la terre;
Qu'il ignore quel jour les soleils s'éteindront;

Quand rouleront les mers sur les sables arides;
Mais qu'il soit brave et jeune, et préfère à des rides
Des cicatrices sur son front.

Ma dague d'un sang noir à mon côté ruisselle,
Et ma hache est pendue à l'arçon de ma selle.

Tel est, comparadgis, spahis, timariots[1],
Le vrai guerrier croyant! Mais celui qui se vante,
Et qui tremble au moment de semer l'épouvante,
Qui le dernier arrive aux camps impériaux,
Qui, lorsque d'une ville on a forcé la porte,
Ne fait pas, sous le poids du butin qu'il rapporte,
Plier l'essieu des chariots;

Ma dague d'un sang noir à mon côté ruisselle,
Et ma hache est pendue à l'arçon de ma selle.

Celui qui d'une femme aime les entretiens;
Celui qui ne sait pas dire dans une orgie
Quelle est d'un beau cheval la généalogie;
Qui cherche ailleurs qu'en soi force, amis et soutiens,
Sur de soyeux divans se couche avec mollesse,
Craint le soleil, sait lire, et par scrupule laisse
Tout le vin de Chypre aux chrétiens;

Ma dague d'un sang noir à mon côté ruisselle,
Et ma hache est pendue à l'arçon de ma selle.

Celui-là, c'est un lâche, et non pas un guerrier.
Ce n'est pas lui qu'on voit dans la bataille ardente
Pousser un fier cheval à la housse pendante,

Le sabre en main, debout sur le large étrier;
Il n'est bon qu'à presser des talons une mule,
En murmurant tout bas quelque vaine formule,
Comme un prêtre qui va prier!

Ma dague d'un sang noir à mon côté ruisselle,
Et ma hache est pendue à l'arçon de ma selle.

1-2 mai 1828.

XVI

LA BATAILLE PERDUE

Sur la plus haute colline
Il monte, et, sa javeline
Soutenant ses membres lourds,
Il voit son armée en fuite
Et de sa tente détruite
Pendre en lambeaux le velours.
ÉM. DESCHAMPS. *Rodrigue pendant la bataille*[1].

« Allah! qui me rendra ma formidable armée,
Émirs, cavalerie au carnage animée,
Et ma tente, et mon camp, éblouissant à voir,
Qui la nuit allumait tant de feux, qu'à leur nombre
On eût dit que le ciel sur la colline sombre
Laissait ses étoiles pleuvoir?

« Qui me rendra mes beys aux flottantes pelisses?
Mes fiers timariots, turbulentes milices?
Mes khans bariolés? mes rapides sphahis?
Et mes bédouins hâlés, venus des Pyramides,
Qui riaient d'effrayer les laboureurs timides,
Et poussaient leurs chevaux par les champs de maïs?

« Tous ces chevaux, à l'œil de flamme, aux jambes grêles,
Qui volaient dans les blés comme des sauterelles,
Quoi, je ne verrai plus, franchissant les sillons,
Leurs troupes, par la mort en vain diminuées,
Sur les carrés pesants s'abattant par nuées,
Couvrir d'éclairs les bataillons!

« Ils sont morts; dans le sang traînent leurs belles housses;
Le sang souille et noircit leur croupe aux taches rousses;
L'éperon s'userait sur leur flanc arrondi
Avant de réveiller leurs pas jadis rapides,
Et près d'eux sont couchés leurs maîtres intrépides
Qui dormaient à leur ombre aux haltes de midi!

« Allah! qui me rendra ma redoutable armée?
La voilà par les champs tout entière semée,
Comme l'or d'un prodigue épars sur le pavé.
Quoi! chevaux, cavaliers, arabes et tartares,
Leurs turbans, leur galop, leurs drapeaux, leurs fanfares,
            C'est comme si j'avais rêvé.

« O mes vaillants soldats et leurs coursiers fidèles!
Leur voix n'a plus de bruit et leurs pieds n'ont plus d'ailes.
Ils ont oublié tout, et le sabre et le mors.
De leurs corps entassés cette vallée est pleine.
Voilà pour bien longtemps une sinistre plaine.
Ce soir, l'odeur du sang : demain, l'odeur des morts.

« Quoi! c'était une armée, et ce n'est plus qu'une ombre!
Ils se sont bien battus, de l'aube à la nuit sombre,
Dans le cercle fatal ardents à se presser.
Les noirs linceuls des nuits sur l'horizon se posent.
Les braves ont fini. Maintenant ils reposent,
            Et les corbeaux vont commencer.

« Déjà, passant leur bec entre leurs plumes noires,
Du fond des bois, du haut des chauves promontoires

Ils accourent; des morts ils rongent les lambeaux;
Et cette armée, hier formidable et suprême,
Cette puissante armée, hélas! ne peut plus même
Effaroucher un aigle et chasser les corbeaux!

« Oh! si j'avais encor cette armée immortelle,
Je voudrais conquérir des mondes avec elle;
Je la ferais régner sur les rois ennemis;
Elle serait ma sœur, ma dame et mon épouse.
Mais que fera la mort, inféconde et jalouse,
De tant de braves endormis?

« Que n'ai-je été frappé! que n'a sur la poussière
Roulé mon vert turban avec ma tête altière!
Hier j'étais puissant; hier trois officiers,
Immobiles et fiers sur leur selle tigrée,
Portaient, devant le seuil de ma tente dorée,
Trois panaches ravis aux croupes des coursiers[1].

« Hier j'avais cent tambours tonnant à mon passage;
J'avais quarante agas contemplant mon visage,
Et d'un sourcil froncé tremblant dans leurs palais.
Au lieu des lourds pierriers qui dorment sur les proues,
J'avais de beaux canons roulant sur quatre roues,
Avec leurs canonniers anglais.

« Hier j'avais des châteaux, j'avais de belles villes,
Des grecques par milliers à vendre aux juifs serviles;
J'avais de grands harems et de grands arsenaux.
Aujourd'hui, dépouillé, vaincu, proscrit, funeste,
Je fuis... De mon empire, hélas! rien ne me reste.
Allah! je n'ai plus même une tour à créneaux!

« Il faut fuir, moi, pacha, moi, vizir à trois queues !
Franchir l'horizon vaste et les collines bleues,
Furtif, baissant les yeux, presque tendant la main,
Comme un voleur qui fuit troublé dans les ténèbres,
Et croit voir des gibets dressant leurs bras funèbres
Dans tous les arbres du chemin ! »

Ainsi parlait Reschid[1], le soir de sa défaite.
Nous eûmes mille Grecs tués à cette fête.
Mais le vizir fuyait, seul, ces champs meurtriers.
Rêveur, il essuyait son rouge cimeterre;
Deux chevaux près de lui du pied battaient la terre
Et, vides, sur leurs flancs sonnaient les étriers.

7-8 mai 1828.

XVII

LE RAVIN

... alte fosse
Che vallan quella terra sconsolata.
DANTE[1].

Un ravin de ces monts coupe la noire crête;
Comme si, voyageant du Caucase au Cédar,
Quelqu'un de ces Titans que nul rempart n'arrête
Avait fait passer sur la tête
La roue immense de son char.

Hélas! combien de fois, dans nos temps de discorde,
Des flots de sang chrétien et de sang mécréant,
Baignant le cimeterre et la miséricorde,
Ont changé tout à coup en torrent qui déborde
Cette ornière d'un char géant!

Avril 1828.

XVIII

L'ENFANT

O horror! horror! horror!
SHAKESPEARE. *Macbeth.*

Les Turcs ont passé là. Tout est ruine et deuil.
Chio, l'île des vins, n'est plus qu'un sombre écueil,
Chio, qu'ombrageaient les charmilles,
Chio, qui dans les flots reflétait ses grands bois,
Ses coteaux, ses palais, et le soir quelquefois
Un chœur dansant de jeunes filles.

Tout est désert. Mais non; seul près des murs noircis,
Un enfant aux yeux bleus, un enfant grec, assis,
Courbait sa tête humiliée;
Il avait pour asile, il avait pour appui
Une blanche aubépine, une fleur, comme lui
Dans le grand ravage oubliée.

Ah! pauvre enfant, pieds nus sur les rocs anguleux!
Hélas! pour essuyer les pleurs de tes yeux bleus
Comme le ciel et comme l'onde,
Pour que dans leur azur, de larmes orageux,
Passe le vif éclair de la joie et des jeux,
Pour relever ta tête blonde,

Que veux-tu? Bel enfant, que te faut-il donner
Pour rattacher gaîment et gaîment ramener

En boucles sur ta blanche épaule
Ces cheveux, qui du fer n'ont pas subi l'affront,
Et qui pleurent épars autour de ton beau front,
Comme les feuilles sur le saule?

Qui pourrait dissiper tes chagrins nébuleux?
Est-ce d'avoir ce lys, bleu comme tes yeux bleus,
Qui d'Iran borde le puits sombre?
Ou le fruit du tuba[1], de cet arbre si grand,
Qu'un cheval au galop met, toujours en courant,
Cent ans à sortir de son ombre?

Veux-tu, pour me sourire, un bel oiseau des bois,
Qui chante avec un chant plus doux que le hautbois,
Plus éclatant que les cymbales?
Que veux-tu? fleur, beau fruit, ou l'oiseau merveilleux?
— Ami, dit l'enfant grec, dit l'enfant aux yeux bleus,
Je veux de la poudre et des balles.

8-10 juin 1828.

XIX

SARA LA BAIGNEUSE

Le soleil et les vents, dans ces bocages sombres,
Des feuilles sur son front faisaient flotter les ombres.

ALFRED DE VIGNY.

Sara, belle d'indolence,
Se balance
Dans un hamac, au-dessus
Du bassin d'une fontaine
Toute pleine
D'eau puisée à l'Ilyssus;

Et la frêle escarpolette
Se reflète
Dans le transparent miroir,
Avec la baigneuse blanche
Qui se penche,
Qui se penche pour se voir.

Chaque fois que la nacelle,
Qui chancelle,
Passe à fleur d'eau dans son vol,
On voit sur l'eau qui s'agite
Sortir vite
Son beau pied et son beau col.

Elle bat d'un pied timide
L'onde humide

Où tremble un mouvant tableau,
Fait rougir son pied d'albâtre,
Et, folâtre,
Rit de la fraîcheur de l'eau.

Reste ici caché : demeure!
Dans une heure,
D'un œil ardent tu verras
Sortir du bain l'ingénue,
Toute nue,
Croisant ses mains sur ses bras.

Car c'est un astre qui brille
Qu'une fille
Qui sort d'un bain au flot clair,
Cherche s'il ne vient personne,
Et frissonne,
Toute mouillée au grand air.

Elle est là, sous la feuillée,
Éveillée
Au moindre bruit de malheur;
Et rouge, pour une mouche
Qui la touche,
Comme une grenade en fleur.

On voit tout ce que dérobe
Voile ou robe;
Dans ses yeux d'azur en feu,
Son regard que rien ne voile
Est l'étoile
Qui brille au fond d'un ciel bleu.

L'eau sur son corps qu'elle essuie
Roule en pluie,
Comme sur un peuplier;
Comme si, gouttes à gouttes,
Tombaient toutes
Les perles de son collier.

Mais Sara la nonchalante
Est bien lente
A finir ses doux ébats;
Toujours elle se balance
En silence,
Et va murmurant tout bas :

« Oh! si j'étais capitane,
» Ou sultane,
» Je prendrais des bains ambrés,
» Dans un bain de marbre jaune,
» Près d'un trône,
» Entre deux griffons dorés!

» J'aurais le hamac de soie
» Qui se ploie
» Sous le corps prêt à pâmer;
» J'aurais la molle ottomane
» Dont émane
» Un parfum qui fait aimer.

» Je pourrais folâtrer nue,
» Sous la nue,

» Dans le ruisseau du jardin,
» Sans craindre de voir dans l'ombre
» Du bois sombre
» Deux yeux s'allumer soudain.

» Il faudrait risquer sa tête
» Inquiète,
» Et tout braver pour me voir,
» Le sabre nu de l'heiduque,
» Et l'eunuque
» Aux dents blanches, au front noir!

» Puis, je pourrais, sans qu'on presse
» Ma paresse,
» Laissez avec mes habits
» Traîner sur les larges dalles
» Mes sandales
» De drap brodé de rubis. »

Ainsi se parle en princesse,
Et sans cesse
Se balance avec amour,
La jeune fille rieuse,
Oublieuse
Des promptes ailes du jour.

L'eau, du pied de la baigneuse
Peu soigneuse,
Rejaillit sur le gazon,
Sur sa chemise plissée,
Balancée
Aux branches d'un vert buisson.

Et cependant des campagnes
Ses compagnes
Prennent toutes le chemin.
Voici leur troupe frivole
Qui s'envole
En se tenant par la main.

Chacune, en chantant comme elle,
Passe, et mêle
Ce reproche à sa chanson :
— Oh! la paresseuse fille
Qui s'habille
Si tard un jour de moisson!

Juillet 1828.

XX

ATTENTE

Esperaba, desperada[1].

Monte, écureuil, monte au grand chêne,
Sur la branche des cieux prochaine,
Qui plie et tremble comme un jonc.
Cigogne, aux vieilles tours fidèle,
Oh! vole et monte à tire-d'aile
De l'église à la citadelle,
Du haut clocher au grand donjon.

Vieux aigle, monte de ton aire
A la montagne centenaire
Que blanchit l'hiver éternel.
Et toi qu'en ta couche inquiète
Jamais l'aube ne vit muette,
Monte, monte, vive alouette,
Vive alouette, monte au ciel!

Et maintenant, du haut de l'arbre,
Des flèches de la tour de marbre,

Du grand mont, du ciel enflammé,
A l'horizon, parmi la brume,
Voyez-vous flotter une plume
Et courir un cheval qui fume,
Et revenir mon bien-aimé?

1er juin 1828.

XXI

LAZZARA

Et cette femme était fort belle.
Rois, chap. XI, v. 2.

Comme elle court! voyez : — par les poudreux sentiers,
Par les gazons tout pleins de touffes d'églantiers,
Par les blés où le pavot brille,
Par les chemins perdus, par les chemins frayés,
Par les monts, par les bois, par les plaines, voyez
Comme elle court, la jeune fille!

Elle est grande, elle est svelte, et quand, d'un pas joyeux,
Sa corbeille de fleurs sur la tête, à nos yeux
Elle apparaît vive et folâtre,
A voir sur son beau front s'arrondir ses bras blancs,
On croirait voir de loin, dans nos temples croulants,
Une amphore aux anses d'albâtre.

Elle est jeune et rieuse, et chante sa chanson,
Et, pieds nus, près du lac, de buisson en buisson,
Poursuit les vertes demoiselles.
Elle lève sa robe et passe les ruisseaux.
Elle va, court, s'arrête et vole, et les oiseaux
Pour ses pieds donneraient leurs ailes.

Quand, le soir, pour la danse on va se réunir,
A l'heure où l'on entend lentement revenir
Les grelots du troupeau qui bêle,
Sans chercher quels atours à ses traits conviendront,
Elle arrive, et la fleur qu'elle attache à son front
Nous semble toujours la plus belle.

Certes, le vieux Omer, pacha de Négrepont,
Pour elle eût tout donné, vaisseaux à triple pont,
Foudroyantes artilleries,
Harnois de ses chevaux, toisons de ses brebis,
Et son rouge turban de soie, et ses habits
Tout ruisselants de pierreries;

Et ses lourds pistolets, ses tromblons évasés,
Et leurs pommeaux d'argent par sa main rude usés,
Et ses sonores espingoles,
Et son courbe damas, et, don plus riche encor,
La grande peau de tigre où pend son carquois d'or,
Hérissé de flèches mogoles.

Il eût donné sa housse et son large étrier;
Donné tous ses trésors avec le trésorier;
Donné ses trois cents concubines;
Donné ses chiens de chasse aux colliers de vermeil;
Donné ses albanais, brûlés par le soleil,
Avec leurs longues carabines.

Il eût donné les Francs, les Juifs et leur rabbin;
Son kiosque rouge et vert, et ses salles de bain
Aux grands pavés de mosaïque;
Sa haute citadelle aux créneaux anguleux;

Et sa maison d'été qui se mire aux flots bleus
D'un golfe de Cyrénaïque.

Tout! jusqu'au cheval blanc, qu'il élève au sérail,
Dont la sueur à flots argente le poitrail;
Jusqu'au frein que l'or damasquine;
Jusqu'à cette espagnole, envoi du dey d'Alger,
Qui soulève, en dansant son fandango léger,
Les plis brodés de sa basquine!

Ce n'est point un pacha, c'est un klephte[1] à l'œil noir
Qui l'a prise, et qui n'a rien donné pour l'avoir;
Car la pauvreté l'accompagne;
Un klephte a pour tous biens l'air du ciel, l'eau des puits,
Un bon fusil bronzé par la fumée, et puis
La liberté sur la montagne.

14 mai 1828.

XXII

VŒU

> Ainsi qu'on choisit une rose
> Dans les guirlandes de Sarons,
> Choisissez une vierge éclose
> Parmi les lis de vos vallons.
> LAMARTINE.

Si j'étais la feuille que roule
L'aile tournoyante du vent,
Qui flotte sur l'eau qui s'écoule,
Et qu'on suit de l'œil en rêvant;

Je me livrerais, fraîche encore,
De la branche me détachant,
Au zéphyr qui souffle à l'aurore,
Au ruisseau qui vient du couchant.

Plus loin que le fleuve qui gronde,
Plus loin que les vastes forêts,
Plus loin que la gorge profonde,
Je fuirais, je courrais, j'irais!

Plus loin que l'antre de la louve,
Plus loin que le bois des ramiers,
Plus loin que la plaine où l'on trouve
Une fontaine et trois palmiers;

Par delà ces rocs qui répandent
L'orage en torrent dans les blés,
Par delà ce lac morne, où pendent
Tant de buissons échevelés;

Plus loin que les terres arides
Du chef maure au large ataghan,
Dont le front pâle a plus de rides
Que la mer un jour d'ouragan.

Je franchirais comme la flèche
L'étang d'Arta, mouvant miroir,
Et le mont dont la cime empêche
Corinthe et Mykos de se voir.

Comme par un charme attirée,
Je m'arrêterais au matin
Sur Mykos, la ville carrée,
La ville aux coupoles d'étain.

J'irais chez la fille du prêtre,
Chez la blanche fille à l'œil noir,
Qui le jour chante à sa fenêtre,
Et joue à sa porte le soir.

Enfin, pauvre feuille envolée,
Je viendrais, au gré de mes vœux,
Me poser sur son front, mêlée
Aux boucles de ses blonds cheveux;

Comme une perruche au pied leste
Dans le blé jaune, ou bien encor
Comme, dans un jardin céleste,
Un fruit vert sur un arbre d'or.

Et là, sur sa tête qui penche,
Je serais, fût-ce peu d'instants,
Plus fière que l'aigrette blanche
Au front étoilé des sultans.

12-21 septembre 1828.

XXIII

LA VILLE PRISE

Feu, feu, sang, sang et ruine!
Corte Real. *Le siège de Diu.*

La flamme par ton ordre, ô Roi, luit et dévore.
De ton peuple en grondant elle étouffe les cris,
Et, rougissant les toits comme une sombre aurore,
Semble en son vol joyeux danser sur leurs débris.

Le meurtre aux mille bras comme un géant se lève;
Les palais embrasés se changent en tombeaux;
Pères, femmes, époux, tout tombe sous le glaive;
Autour de la cité s'appellent les corbeaux.

Les mères ont frémi; les vierges palpitantes,
O calife! ont pleuré leurs jeunes ans flétris,
Et les coursiers fougueux ont traîné hors des tentes
Leurs corps vivants, de coups et de baisers meurtris.

Vois d'un vaste linceul la ville enveloppée;
Vois! quand ton bras puissant passe, il fait tout plier.
Les prêtres qui priaient ont péri par l'épée,
Jetant leur livre saint comme un vain bouclier.

Les tout petits enfants, écrasés sous les dalles,
Ont vécu; de leur sang le fer s'abreuve encor... —
Ton peuple baise, ô Roi, la poudre des sandales
Qu'à ton pied glorieux attache un cercle d'or!

Le 30 avril 1825. Blois.

XXIV

ADIEUX DE L'HOTESSE ARABE

> 10. Habitez avec nous. La terre est en votre puissance; cultivez-la, trafiquez-y, et la possédez.
>
> *Genèse*, chap. XXIV.

Puisque rien ne t'arrête en cet heureux pays,
Ni l'ombre du palmier, ni le jaune maïs,
Ni le repos, ni l'abondance,
Ni de voir à ta voix battre le jeune sein
De nos sœurs, dont, les soirs, le tournoyant essaim
Couronne un coteau de sa danse,

Adieu, voyageur blanc! J'ai sellé de ma main,
De peur qu'il ne te jette aux pierres du chemin,
Ton cheval à l'œil intrépide;
Ses pieds fouillent le sol, sa croupe est belle à voir,
Ferme, ronde et luisante ainsi qu'un rocher noir
Que polit une onde rapide.

Tu marches donc sans cesse! Oh! que n'es-tu de ceux
Qui donnent pour limite à leurs pieds paresseux

Leur toit de branches ou de toiles!
Qui, rêveurs, sans en faire, écoutent les récits,
Et souhaitent, le soir, devant leur porte assis,
De s'en aller dans les étoiles!

Si tu l'avais voulu, peut-être une de nous,
O jeune homme, eût aimé te servir à genoux
Dans nos huttes toujours ouvertes;
Elle eût fait, en berçant ton sommeil de ses chants,
Pour chasser de ton front les moucherons méchants,
Un éventail de feuilles vertes.

Mais tu pars! — Nuit et jour, tu vas seul et jaloux.
Le fer de ton cheval arrache aux durs cailloux
Une poussière d'étincelles;
A ta lance qui passe et dans l'ombre reluit,
Les aveugles démons qui volent dans la nuit
Souvent ont déchiré leurs ailes.

Si tu reviens, gravis, pour trouver ce hameau,
Ce mont noir qui de loin semble un dos de chameau;
Pour trouver ma hutte fidèle,
Songe à son toit aigu comme une ruche à miel,
Qu'elle n'a qu'une porte, et qu'elle s'ouvre au ciel
Du côté d'où vient l'hirondelle.

Si tu ne reviens pas, songe un peu quelquefois
Aux filles du désert, sœurs à la douce voix,
Qui dansent pieds nus sur la dune;
O beau jeune homme blanc, bel oiseau passager,
Souviens-toi, car peut-être, ô rapide étranger,
Ton souvenir reste à plus d'une!

Adieu donc! — Va tout droit. Garde-toi du soleil
Qui dore nos fronts bruns, mais brûle un teint vermeil;
De l'Arabie infranchissable;
De la vieille qui va seule et d'un pas tremblant;
Et de ceux qui le soir, avec un bâton blanc,
Tracent des cercles sur le sable!

24 novembre 1828.

XXV

MALÉDICTION

Ed altro disse : ma non l'ho a mente.
DANTE.

Et d'autres choses encore; mais je ne les ai plus dans l'esprit.

Qu'il erre sans repos, courbé dès sa jeunesse,
En des sables sans borne où le soleil renaisse
Sitôt qu'il aura lui!
Comme un noir meurtrier qui fuit dans la nuit sombre,
S'il marche, que sans cesse il entende dans l'ombre
Un pas derrière lui!

En des glaciers polis comme un tranchant de hache,
Qu'il glisse, et roule, et tombe, et tombe et se rattache
De l'ongle à leurs parois!
Qu'il soit pris pour un autre, et, râlant sur la roue,
Dise : Je n'ai rien fait! et qu'alors on le cloue
Sur un gibet en croix!

Qu'il pende échevelé, la bouche violette!
Que, visible à lui seul, la mort, chauve squelette,

Rie en le regardant!
Que son cadavre souffre, et vive assez encore
Pour sentir, quand la mort le ronge et le dévore,
Chaque coup de sa dent!

Qu'il ne soit plus vivant, et ne soit pas une âme!
Que sur ses membres nus tombe un soleil de flamme
Ou la pluie à ruisseaux!
Qu'il s'éveille en sursaut chaque nuit dans la brume,
Et lutte, et se secoue, et vainement écume
Sous des griffes d'oiseaux!

25 août 1828.

XXVI

LES TRONÇONS DU SERPENT

> D'ailleurs les sages ont dit : Il ne faut point attacher son cœur aux choses passagères.
>
> SADI, *Gulistan*.

Je veille, et nuit et jour mon front rêve enflammé,
Ma joue en pleurs ruisselle,
Depuis qu'Albaydé dans la tombe a fermé
Ses beaux yeux de gazelle.

Car elle avait quinze ans, un sourire ingénu,
Et m'aimait sans mélange,
Et quand elle croisait ses bras sur son sein nu,
On croyait voir un ange!

Un jour, pensif, j'errais au bord d'un golfe, ouvert
Entre deux promontoires,
Et je vis sur le sable un serpent jaune et vert,
Jaspé de taches noires.

La hache en vingt tronçons avait coupé vivant
Son corps que l'onde arrose,

Et l'écume des mers que lui jetait le vent
Sur son sang flottait rose.

Tous ses anneaux vermeils rampaient en se tordant
Sur la grève isolée,
Et le sang empourprait d'un rouge plus ardent
Sa crête dentelée.

Ces tronçons déchirés, épars, près d'épuiser
Leurs forces languissantes,
Se cherchaient, se cherchaient, comme pour un baiser
Deux bouches frémissantes!

Et comme je rêvais, triste et suppliant Dieu
Dans ma pitié muette,
La tête aux mille dents rouvrit son œil de feu,
Et me dit : « O poète!

» Ne plains que toi! ton mal est plus envenimé,
» Ta plaie est plus cruelle;
» Car ton Albaydé dans la tombe a fermé
» Ses beaux yeux de gazelle.

» Ce coup de hache aussi brise ton jeune essor.
» Ta vie et tes pensées
» Autour d'un souvenir, chaste et dernier trésor,
» Se traînent dispersées.

» Ton génie au vol large, éclatant, gracieux,
» Qui, mieux que l'hirondelle,
» Tantôt rasait la terre et tantôt dans les cieux
» Donnait de grands coups d'aile,

» Comme moi maintenant, meurt près des flots troublés ;
» Et ses forces s'éteignent,
» Sans pouvoir réunir ses tronçons mutilés
» Qui rampent et qui saignent. »

10 novembre 1828.

XXVII

NOURMAHAL LA ROUSSE[1]

No es bestia que non fus hy trobada.
JOAN LORENZO SEGURA DE ASTORGA.

Pas de bête fauve qui ne s'y trouvât.

Entre deux rocs d'un noir d'ébène
Voyez-vous ce sombre hallier
Qui se hérisse dans la plaine
Ainsi qu'une touffe de laine
Entre les cornes du bélier?

Là, dans une ombre non frayée,
Grondent le tigre ensanglanté,
La lionne, mère effrayée,
Le chacal, l'hyène rayée,
Et le léopard tacheté.

Là, des monstres de toute forme
Rampent : — le basilic rêvant,
L'hippopotame au ventre énorme,
Et le boa, vaste et difforme,
Qui semble un tronc d'arbre vivant.

L'orfraie aux paupières vermeilles,
Le serpent, le singe méchant,
Sifflent comme un essaim d'abeilles;
L'éléphant aux larges oreilles
Casse les bambous en marchant.

Là, vit la sauvage famille
Qui glapit, bourdonne et mugit.
Le bois entier hurle et fourmille.
Sous chaque buisson un œil brille,
Dans chaque antre une voix rugit.

Eh bien! seul et nu sur la mousse,
Dans ce bois-là je serais mieux
Que devant Nourmahal-la-Rousse,
Qui parle avec une voix douce
Et regarde avec de doux yeux.

25 novembre 1828.

XXVIII

LES DJINNS

E come i gru van cantando lor lai
Facendo in aer di se lunga riga,
Cosi vid' io venir traendo guai
Ombre portate dalla detta briga.
DANTE.

Et comme les grues qui font dans l'air de longues files vont chantant leur plainte, ainsi je vis venir traînant des gémissements les ombres emportées par cette tempête.

Murs, ville,
Et port,
Asile
De mort,
Mer grise
Où brise
La brise,
Tout dort.

Dans la plaine
Naît un bruit.
C'est l'haleine
De la nuit.

Elle brame
Comme une âme
Qu'une flamme
Toujours suit!

La voix plus haute
Semble un grelot. —
D'un nain qui saute
C'est le galop.
Il fuit, s'élance,
Puis en cadence
Sur un pied danse
Au bout d'un flot.

La rumeur approche,
L'écho la redit.
C'est comme la cloche
D'un couvent maudit; —
Comme un bruit de foule,
Qui tonne et qui roule,
Et tantôt s'écroule,
Et tantôt grandit.

Dieu! la voix sépulcrale
Des Djinns!... Quel bruit ils font!
Fuyons sous la spirale
De l'escalier profond.
Déjà s'éteint ma lampe,
Et l'ombre de la rampe,
Qui le long du mur rampe,
Monte jusqu'au plafond.

C'est l'essaim des Djinns qui passe,
Et tourbillonne en sifflant!
Les ifs, que leur vol fracasse,
Craquent comme un pin brûlant.
Leur troupeau, lourd et rapide,
Volant dans l'espace vide,
Semble un nuage livide
Qui porte un éclair au flanc.

Ils sont tout près! — Tenons fermée
Cette salle, où nous les narguons.
Quel bruit dehors! Hideuse armée
De vampires et de dragons!
La poutre du toit descellée
Ploie ainsi qu'une herbe mouillée,
Et la vieille porte rouillée
Tremble, à déraciner ses gonds!

Cris de l'enfer! voix qui hurle et qui pleure!
L'horrible essaim, poussé par l'aquilon,
Sans doute, ô ciel! s'abat sur ma demeure.
Le mur fléchit sous le noir bataillon.
La maison crie et chancelle penchée,
Et l'on dirait que, du sol arrachée,
Ainsi qu'il chasse une feuille séchée,
Le vent la roule avec leur tourbillon!

Prophète! si ta main me sauve
De ces impurs démons des soirs,
J'irai prosterner mon front chauve
Devant tes sacrés encensoirs!

Fais que sur ces portes fidèles
Meure leur souffle d'étincelles,
Et qu'en vain l'ongle de leurs ailes
Grince et crie à ces vitraux noirs!

Ils sont passés! — Leur cohorte
S'envole, et fuit, et leurs pieds
Cessent de battre ma porte
De leurs coups multipliés.
L'air est plein d'un bruit de chaînes,
Et dans les forêts prochaines
Frissonnent tous les grands chênes,
Sous leur vol de feu pliés!

De leurs ailes lointaines
Le battement décroît,
Si confus dans les plaines,
Si faible, que l'on croit
Ouïr la sauterelle
Crier d'une voix grêle,
Ou pétiller la grêle
Sur le plomb d'un vieux toit.

D'étranges syllabes
Nous viennent encor; —
Ainsi, des arabes
Quand sonne le cor,
Un chant sur la grève
Par instants s'élève,
Et l'enfant qui rêve
Fait des rêves d'or.

Les Djinns funèbres,
Fils du trépas,
Dans les ténèbres
Pressent leurs pas;
Leur essaim gronde :
Ainsi, profonde,
Murmure une onde
Qu'on ne voit pas.

Ce bruit vague
Qui s'endort,
C'est la vague
Sur le bord;
C'est la plainte,
Presque éteinte,
D'une sainte
Pour un mort.

On doute
La nuit...
J'écoute : —
Tout fuit,
Tout passe;
L'espace
Efface
Le bruit.

28 août 1828.

XXIX

SULTAN ACHMET

Oh! permets, charmante fille, que j'enveloppe mon cou avec tes bras.
HAFIZ.

A Juana la grenadine,
Qui toujours chante et badine,
Sultan Achmet dit un jour :
— Je donnerais sans retour
Mon royaume pour Médine,
Médine pour ton amour.

— Fais-toi chrétien, roi sublime!
Car il est illégitime,
Le plaisir qu'on a cherché
Aux bras d'un Turc débauché.
J'aurais peur de faire un crime.
C'est bien assez du péché.

— Par ces perles dont la chaîne
Rehausse, ô ma souveraine,

Ton cou blanc comme le lait,
Je ferai ce qui te plaît,
Si tu veux bien que je prenne
Ton collier pour chapelet.

20 octobre 1828.

XXX

ROMANCE MAURESQUE[1]

Dixóle : — dime, buen hombre,
Lo que preguntarte queria.
ROMANCERO GENERAL[2].

Don Rodrigue est à la chasse.
Sans épée et sans cuirasse,
Un jour d'été, vers midi,
Sous la feuillée et sur l'herbe
Il s'assied, l'homme superbe,
Don Rodrigue le hardi.

La haine en feu le dévore.
Sombre, il pense au bâtard maure,
A son neveu Mudarra,
Dont ses complots sanguinaires
Jadis ont tué les frères,
Les sept infants de Lara.

Pour le trouver en campagne,
Il traverserait l'Espagne
De Figuère à Setuval.
L'un des deux mourrait sans doute.
En ce moment sur la route
Il passe un homme à cheval.

— Chevalier, chrétien ou maure,
Qui dors sous le sycomore,
Dieu te guide par la main!
— Que Dieu répande ses grâces
Sur toi, l'écuyer qui passes,
Qui passes par le chemin!

— Chevalier, chrétien ou maure,
Qui dors sous le sycomore,
Parmi l'herbe du vallon,
Dis ton nom, afin qu'on sache
Si tu portes le panache
D'un vaillant ou d'un félon.

— Si c'est là ce qui t'intrigue,
On m'appelle don Rodrigue,
Don Rodrigue de Lara;
Doña Sanche est ma sœur même,
Du moins, c'est à mon baptême
Ce qu'un prêtre déclara.

J'attends sous ce sycomore;
J'ai cherché d'Albe à Zamore
Ce Mudarra le bâtard,
Le fils de la renégate,
Qui commande une frégate
Du roi maure Aliatar.

Certe, à moins qu'il ne m'évite,
Je le reconnaîtrais vite;

Toujours il porte avec lui
Notre dague de famille;
Une agate au pommeau brille,
Et la lame est sans étui.

Oui, par mon âme chrétienne,
D'une autre main que la mienne
Ce mécréant ne mourra.
C'est le bonheur que je brigue...
— On t'appelle don Rodrigue,
Don Rodrigue de Lara?

Eh bien! seigneur, le jeune homme
Qui te parle et qui te nomme,
C'est Mudarra le bâtard.
C'est le vengeur et le juge.
Cherche à présent un refuge! —
L'autre dit : — Tu viens bien tard!

— Moi, fils de la renégate,
Qui commande une frégate
Du roi maure Aliatar,
Moi, ma dague et ma vengeance,
Tous les trois d'intelligence,
Nous voici! — Tu viens bien tard!

— Trop tôt pour toi, don Rodrigue,
A moins qu'il ne te fatigue
De vivre... Ah! la peur t'émeut,
Ton front pâlit; rends, infâme,
A moi ta vie, et ton âme
A ton ange, s'il en veut!

Si mon poignard de Tolède
Et mon Dieu me sont en aide,
Regarde mes yeux ardents,
Je suis ton seigneur, ton maître,
Et je t'arracherai, traître,
Le souffle d'entre les dents!

Le neveu de doña Sanche
Dans ton sang enfin étanche
La soif qui le dévora.
Mon oncle, il faut que tu meures.
Pour toi plus de jours ni d'heures!...
— Mon bon neveu Mudarra,

Un moment! attends que j'aille
Chercher mon fer de bataille.
— Tu n'auras d'autres délais
Que celui qu'ont eu mes frères;
Dans les caveaux funéraires
Où tu les as mis, suis-les!

Si, jusqu'à l'heure venue,
J'ai gardé ma lame nue,
C'est que je voulais, bourreau,
Que, vengeant la renégate,
Ma dague au pommeau d'agate
Eût ta gorge pour fourreau.

1er mai 1828.

XXXI

GRENADE

Quien no ha visto á Sevilla,
No ha visto á maravilla[1].

Soit lointaine, soit voisine,
Espagnole ou sarrasine,
Il n'est pas une cité
Qui dispute sans folie
A Grenade la jolie
La pomme de la beauté,
Et qui, gracieuse, étale
Plus de pompe orientale
Sous un ciel plus enchanté.

Cadix a les palmiers; Murcie a les oranges;
Jaën, son palais goth aux tourelles étranges;
Agreda, son couvent bâti par saint Edmond;
Ségovie a l'autel dont on baise les marches,
Et l'aqueduc aux trois rangs d'arches
Qui lui porte un torrent pris au sommet d'un mont[2].

Llers a des tours; Barcelone
Au faîte d'une colonne

Lève un phare sur la mer;
Aux rois d'Aragon fidèle,
Dans leurs vieux tombeaux, Tudèle
Garde leur sceptre de fer;
Tolose a des forges sombres
Qui semblent, au sein des ombres,
Des soupiraux de l'enfer.

Le poisson qui rouvrit l'œil mort du vieux Tobie
Se joue au fond du golfe où dort Fontarabie;
Alicante aux clochers mêle les minarets[1];
Compostelle a son saint; Cordoue aux maisons vieilles
A sa mosquée où l'œil se perd dans les merveilles;
Madrid a le Manzanarès.

Bilbao, des flots couverte,
Jette une pelouse verte
Sur ses murs noirs et caducs;
Medina la chevalière,
Cachant sa pauvreté fière
Sous le manteau de ses ducs,
N'a rien que ses sycomores,
Car ses beaux ponts sont aux maures,
Aux romains ses aqueducs.

Valence a les clochers de ses trois cents églises;
L'austère Alcantara livre au souffle des brises
Les drapeaux turcs pendus en foule à ses piliers;
Salamanque en riant s'assied sur trois collines,
S'endort au son des mandolines,
Et s'éveille en sursaut aux cris des écoliers.

Tortose est chère à saint Pierre;
Le marbre est comme la pierre
Dans la riche Puycerda;
De sa bastille octogone
Tuy se vante, et Tarragone
De ses murs qu'un roi fonda;
Le Douro coule à Zamore;
Tolède a l'alcazar maure,
Séville a la giralda.

Burgos de son chapitre étale la richesse;
Peñaflor est marquise, et Girone est duchesse;
Bivar est une nonne aux sévères atours;
Toujours prête au combat, la sombre Pampelune,
Avant de s'endormir aux rayons de la lune,
Ferme sa ceinture de tours.

Toutes ces villes d'Espagne
S'épandent dans la campagne
Ou hérissent la sierra;
Toutes ont des citadelles
Dont sous des mains infidèles
Aucun beffroi ne vibra;
Toutes sur leurs cathédrales
Ont des clochers en spirales;
Mais Grenade a l'Alhambra.

L'Alhambra! l'Alhambra! palais que les Génies
Ont doré comme un rêve et rempli d'harmonies,

Forteresse aux créneaux festonnés et croulants,
Où l'on entend la nuit de magiques syllabes,
Quand la lune, à travers les mille arceaux arabes,
Sème les murs de trèfles blancs!

Grenade a plus de merveilles
Que n'a de graines vermeilles
Le beau fruit de ses vallons;
Grenade, la bien nommée,
Lorsque la guerre enflammée
Déroule ses pavillons,
Cent fois plus terrible éclate
Que la grenade écarlate
Sur le front des bataillons.

Il n'est rien de plus beau ni de plus grand au monde;
Soit qu'à Vivataubin Vivaconlud réponde,
Avec son clair tambour de clochettes orné;
Soit que, se couronnant de feux comme un calife,
L'éblouissant Généralife
Élève dans la nuit son faîte illuminé.

Les clairons des Tours-Vermeilles
Sonnent comme des abeilles
Dont le vent chasse l'essaim;
Alcacava pour les fêtes
A des cloches toujours prêtes
A bourdonner dans son sein,
Qui dans leurs tours africaines
Vont éveiller les dulcaynes
Du sonore Albaycin.

Grenade efface en tout ses rivales; Grenade
Chante plus mollement la molle sérénade;
Elle peint ses maisons de plus riches couleurs;
Et l'on dit que les vents suspendent leurs haleines
Quand par un soir d'été Grenade dans ses plaines
Répand ses femmes et ses fleurs.

L'Arabie est son aïeule.
Les maures, pour elle seule,
Aventuriers hasardeux,
Joueraient l'Asie et l'Afrique,
Mais Grenade est catholique,
Grenade se raille d'eux;
Grenade, la belle ville,
Serait une autre Séville,
S'il en pouvait être deux.

3-5 avril 1828.

XXXII

LES BLEUETS

Si es verdad ó non, yo no lo he hy de ver,
Pero non lo quiero en olvido poner.

JOAN LORENZO SEGURA DE ASTORGA[1].

Si cela est vrai ou non, je n'ai pas à le voir ici, mais je ne le veux pas mettre en oubli.

Tandis que l'étoile inodore
Que l'été mêle aux blonds épis
Émaille de son bleu lapis
Les sillons que la moisson dore,
Avant que, de fleurs dépeuplés,
Les champs aient subi les faucilles;
Allez, allez, ô jeunes filles,
Cueillir des bleuets dans les blés!

Entre les villes andalouses,
Il n'en est pas qui sous le ciel
S'étende mieux que Peñafiel
Sur les gerbes et les pelouses,
Pas qui dans ses murs crénelés
Lève de plus fières bastilles...
Allez, allez, ô jeunes filles,
Cueillir des bleuets dans les blés!

Il n'est pas de cité chrétienne,
Pas de monastère à beffroi,
Chez le Saint-Père et chez le Roi,
Où, vers la Saint-Ambroise, il vienne
Plus de bons pèlerins hâlés,
Portant bourdon, gourde et coquilles...
Allez, allez, ô jeunes filles,
Cueillir des bleuets dans les blés!

Dans nul pays, les jeunes femmes,
Les soirs, lorsque l'on danse en rond,
N'ont plus de roses sur le front,
Et n'ont dans le cœur plus de flammes;
Jamais plus vifs et plus voilés
Regards n'ont lui sous les mantilles...
Allez, allez, ô jeunes filles,
Cueillir des bleuets dans les blés!

La perle de l'Andalousie,
Alice, était de Peñafiel,
Alice qu'en faisant son miel
Pour fleur une abeille eût choisie.
Ces jours, hélas! sont envolés!
On la citait dans les familles...
Allez, allez, ô jeunes filles,
Cueillir des bleuets dans les blés!

Un étranger vint dans la ville,
Jeune, et parlant avec dédain.
Était-ce un Maure grenadin?
Un de Murcie ou de Séville?

Venait-il des bords désolés
Où Tunis a ses escadrilles?...
Allez, allez, ô jeunes filles,
Cueillir des bleuets dans les blés!

On ne savait. — La pauvre Alice
En fut aimée, et puis l'aima.
Le doux vallon du Xarama
De leur doux péché fut complice.
Le soir, sous les cieux étoilés,
Tous deux erraient par les charmilles...
Allez, allez, ô jeunes filles,
Cueillir des bleuets dans les blés!

La ville était lointaine et sombre;
Et la lune, douce aux amours,
Se levant derrière les tours
Et les clochers perdus dans l'ombre,
Des édifices dentelés
Découpait en noir les aiguilles...
Allez, allez, ô jeunes filles,
Cueillir des bleuets dans les blés!

Cependant, d'Alice jalouses,
En rêvant au bel étranger,
Sous l'arbre à soie et l'oranger
Dansaient les brunes andalouses;
Les cors, aux guitares mêlés,
Animaient les joyeux quadrilles...
Allez, allez, ô jeunes filles,
Cueillir des bleuets dans les blés!

L'oiseau dort dans le lit de mousse
Que déjà menace l'autour;
Ainsi dormait dans son amour
Alice confiante et douce.
Le jeune homme aux cheveux bouclés,
C'était don Juan, roi des Castilles...
Allez, allez, ô jeunes filles,
Cueillir des bleuets dans les blés!

Or c'est péril qu'aimer un prince.
Un jour, sur un noir palefroi
On la jeta de par le roi;
On l'arracha de la province;
Un cloître sur ses jours troublés
De par le roi ferma ses grilles...
Allez, allez, ô jeunes filles,
Cueillir des bleuets dans les blés!

13 avril 1828.

XXXIII

FANTÔMES

Luenga es su noche, y cerrados
Estan sus ojos pesados.
Idos, idos en paz, vientos alados!

Longue est sa nuit, et fermés sont ses yeux lourds. Allez, allez en paix, vents ailés!

I

Hélas! que j'en ai vu mourir de jeunes filles!
C'est le destin. Il faut une proie au trépas.
Il faut que l'herbe tombe au tranchant des faucilles;
Il faut que dans le bal les folâtres quadrilles
Foulent des roses sous leurs pas.

Il faut que l'eau s'épuise à courir les vallées;
Il faut que l'éclair brille, et brille peu d'instants;
Il faut qu'avril jaloux brûle de ses gelées
Le beau pommier, trop fier de ses fleurs étoilées,
Neige odorante du printemps.

Oui, c'est la vie. Après le jour, la nuit livide.
Après tout, le réveil, infernal ou divin.
Autour du grand banquet siège une foule avide;
Mais bien des conviés laissent leur place vide,
Et se lèvent avant la fin.

II

Que j'en ai vu mourir! — l'une était rose et blanche;
L'autre semblait ouïr de célestes accords;
L'autre, faible, appuyait d'un bras son front qui penche
Et, comme en s'envolant l'oiseau courbe la branche,
Son âme avait brisé son corps.

Une, pâle, égarée, en proie au noir délire,
Disait tout bas un nom dont nul ne se souvient;
Une s'évanouit, comme un chant sur la lyre;
Une autre en expirant avait le doux sourire
D'un jeune ange qui s'en revient.

Toutes fragiles fleurs, sitôt mortes que nées!
Alcyons engloutis avec leurs nids flottants!
Colombes, que le ciel au monde avait données!
Qui, de grâce, et d'enfance, et d'amour couronnées
Comptaient leurs ans par les printemps!

Quoi, mortes! quoi, déjà, sous la pierre couchées!
Quoi! tant d'êtres charmants sans regard et sans voix!
Tant de flambeaux éteints! tant de fleurs arrachées!... —
Oh! laissez-moi fouler les feuilles desséchées,
Et m'égarer au fond des bois!

Doux fantômes! c'est là, quand je rêve dans l'ombre,
Qu'ils viennent tour à tour m'entendre et me parler.
Un jour douteux me montre et me cache leur nombre.
A travers les rameaux et le feuillage sombre
Je vois leurs yeux étinceler.

Mon âme est une sœur pour ces ombres si belles.
La vie et le tombeau pour nous n'ont plus de loi.
Tantôt j'aide leurs pas, tantôt je prends leurs ailes.
Vision ineffable où je suis mort comme elles,
Elles, vivantes comme moi!

Elles prêtent leur forme à toutes mes pensées.
Je les vois! je les vois! Elles me disent : Viens!
Puis autour d'un tombeau dansent entrelacées;
Puis s'en vont lentement, par degrés éclipsées.
Alors je songe et me souviens...

III

Une surtout : — un ange, une jeune Espagnole! —
Blanches mains, sein gonflé de soupirs innocents,
Un œil noir, où luisaient des regards de créole,
Et ce charme inconnu, cette fraîche auréole
Qui couronne un front de quinze ans!

Non, ce n'est point d'amour qu'elle est morte : pour elle
L'amour n'avait encor ni plaisirs ni combats;
Rien ne faisait encor battre son cœur rebelle;
Quand tous en la voyant s'écriaient : qu'elle est belle!
Nul ne le lui disait tout bas.

Elle aimait trop le bal, c'est ce qui l'a tuée.
Le bal éblouissant! le bal délicieux!
Sa cendre encor frémit, doucement remuée,
Quand, dans la nuit sereine, une blanche nuée
Danse autour du croissant des cieux.

Elle aimait trop le bal. — Quand venait une fête,
Elle y pensait trois jours, trois nuits elle en rêvait.
Et femmes, musiciens, danseurs que rien n'arrête,
Venaient, dans son sommeil, troublant sa jeune tête,
Rire et bruire à son chevet.

Puis c'étaient des bijoux, des colliers, des merveilles!
Des ceintures de moire aux ondoyants reflets;
Des tissus plus légers que des ailes d'abeilles;
Des festons, des rubans, à remplir des corbeilles;
Des fleurs, à payer un palais!

La fête commencée, avec ses sœurs rieuses
Elle accourait, froissant l'éventail sous ses doigts,
Puis s'asseyait parmi les écharpes soyeuses,
Et son cœur éclatait en fanfares joyeuses,
Avec l'orchestre aux mille voix.

C'était plaisir de voir danser la jeune fille!
Sa basquine agitait ses paillettes d'azur;
Ses grands yeux noirs brillaient sous la noire mantille :
Telle une double étoile au front des nuits scintille
Sous les plis d'un nuage obscur.

Tout en elle était danse, et rire, et folle joie.
Enfant! — Nous l'admirions dans nos tristes loisirs;
Car ce n'est point au bal que le cœur se déploie,
La cendre y vole autour des tuniques de soie,
L'ennui sombre autour des plaisirs.

Mais elle, par la valse ou la ronde emportée,
Volait, et revenait, et ne respirait pas,
Et s'enivrait des sons de la flûte vantée,
Des fleurs, des lustres d'or, de la fête enchantée,
Du bruit des voix, du bruit des pas.

Quel bonheur de bondir, éperdue, en la foule,
De sentir par le bal ses sens multipliés,
Et de ne pas savoir si dans la nue on roule,
Si l'on chasse en fuyant la terre, ou si l'on foule
Un flot tournoyant sous ses pieds!

Mais, hélas! il fallait, quand l'aube était venue,
Partir, attendre au seuil le manteau de satin.
C'est alors que souvent la danseuse ingénue
Sentit en frissonnant sur son épaule nue
Glisser le souffle du matin.

Quels tristes lendemains laisse le bal folâtre!
Adieu parure, et danse, et rires enfantins!
Aux chansons succédait la toux opiniâtre,
Au plaisir rose et frais la fièvre au teint bleuâtre,
Aux yeux brillants les yeux éteints.

IV

Elle est morte. — A quinze ans, belle, heureuse, adorée!
Morte au sortir d'un bal qui nous mit tous en deuil.
Morte, hélas! et des bras d'une mère égarée
La mort aux froides mains la prit toute parée,
Pour l'endormir dans le cercueil.

Pour danser d'autres bals elle était encor prête,
Tant la mort fut pressée à prendre un corps si beau!
Et ces roses d'un jour qui couronnaient sa tête,
Qui s'épanouissaient la veille en une fête,
Se fanèrent dans un tombeau.

V

Sa pauvre mère! — hélas! de son sort ignorante,
Avoir mis tant d'amour sur ce frêle roseau,
Et si longtemps veillé son enfance souffrante,
Et passé tant de nuits à l'endormir pleurante
Toute petite en son berceau!

A quoi bon? — Maintenant la jeune trépassée,
Sous le plomb du cercueil, livide, en proie au ver,
Dort; et si, dans la tombe où nous l'avons laissée,
Quelque fête des morts la réveille glacée,
Par une belle nuit d'hiver,

Un spectre au rire affreux à sa morne toilette
Préside au lieu de mère, et lui dit : Il est temps!
Et, glaçant d'un baiser sa lèvre violette,
Passe les doigts noueux de sa main de squelette
Sous ses cheveux longs et flottants.

Puis, tremblante, il la mène à la danse fatale,
Au chœur aérien dans l'ombre voltigeant,
Et sur l'horizon gris la lune est large et pâle,
Et l'arc-en-ciel des nuits teint d'un reflet d'opale
Le nuage aux franges d'argent.

VI

Vous toutes qu'à ses jeux le bal riant convie,
Pensez à l'espagnole éteinte sans retour,
Jeunes filles! Joyeuse, et d'une main ravie,
Elle allait moissonnant les roses de la vie,
Beauté, plaisir, jeunesse, amour!

La pauvre enfant, de fête en fête promenée,
De ce bouquet charmant arrangeait les couleurs;
Mais qu'elle a passé vite, hélas! l'infortunée!
Ainsi qu'Ophélia par le fleuve entraînée,
Elle est morte en cueillant des fleurs!

Avril 1828.

XXXIV

MAZEPPA

A M. Louis Boulanger.

Away! — Away! —
BYRON. *Mazeppa.*

En avant! en avant!

I

Ainsi, quand Mazeppa, qui rugit et qui pleure,
A vu ses bras, ses pieds, ses flancs qu'un sabre effleure,
Tous ses membres liés
Sur un fougueux cheval, nourri d'herbes marines,
Qui fume, et fait jaillir le feu de ses narines
Et le feu de ses pieds;

Quand il s'est dans ses nœuds roulé comme un reptile,
Qu'il a bien réjoui de sa rage inutile
Ses bourreaux tout joyeux,
Et qu'il retombe enfin sur la croupe farouche,
La sueur sur le front, l'écume dans la bouche,
Et du sang dans les yeux,

Un cri part; et soudain voilà que par la plaine
Et l'homme et le cheval, emportés, hors d'haleine,

Sur les sables mouvants,
Seuls, emplissant de bruit un tourbillon de poudre
Pareil au noir nuage où serpente la foudre,
Volent avec les vents!

Ils vont. Dans les vallons comme un orage ils passent,
Comme ces ouragans qui dans les monts s'entassent,
Comme un globe de feu;
Puis déjà ne sont plus qu'un point noir dans la brume,
Puis s'effacent dans l'air comme un flocon d'écume
Au vaste océan bleu.

Ils vont. L'espace est grand. Dans le désert immense,
Dans l'horizon sans fin qui toujours recommence,
Ils se plongent tous deux.
Leur course comme un vol les emporte, et grands chênes,
Villes et tours, monts noirs liés en longues chaînes,
Tout chancelle autour d'eux.

Et si l'infortuné, dont la tête se brise,
Se débat, le cheval, qui devance la brise,
D'un bond plus effrayé
S'enfonce au désert vaste, aride, infranchissable,
Qui devant eux s'étend, avec ses plis de sable,
Comme un manteau rayé.

Tout vacille et se peint de couleurs inconnues;
Il voit courir les bois, courir les larges nues,
Le vieux donjon détruit,
Les monts dont un rayon baigne les intervalles;
Il voit; et des troupeaux de fumantes cavales
Le suivent à grand bruit!

Et le ciel, où déjà les pas du soir s'allongent,
Avec ses océans de nuages où plongent
Des nuages encor,
Et son soleil qui fend leurs vagues de sa proue,
Sur son front ébloui tourne comme une roue
De marbre aux veines d'or!

Son œil s'égare et luit, sa chevelure traîne,
Sa tête pend; son sang rougit la jaune arène,
Les buissons épineux;
Sur ses membres gonflés la corde se replie,
Et comme un long serpent resserre et multiplie
Sa morsure et ses nœuds.

Le cheval, qui ne sent ni le mors ni la selle,
Toujours fuit, et toujours son sang coule et ruisselle,
Sa chair tombe en lambeaux;
Hélas! voici déjà qu'aux cavales ardentes
Qui le suivaient, dressant leurs crinières pendantes,
Succèdent les corbeaux!

Les corbeaux, le grand-duc à l'œil rond, qui s'effraie,
L'aigle effaré des champs de bataille, et l'orfraie,
Monstre au jour inconnu,
Les obliques hiboux, et le grand vautour fauve
Qui fouille au flanc des morts, où son col rouge et chauve
Plonge comme un bras nu!

Tous viennent élargir la funèbre volée;
Tous quittent pour le suivre et l'yeuse isolée

Et les nids du manoir.
Lui, sanglant, éperdu, sourd à leurs cris de joie,
Demande en les voyant : Qui donc là-haut déploie
Ce grand éventail noir?

La nuit descend lugubre, et sans robe étoilée.
L'essaim s'acharne, et suit, tel qu'une meute ailée,
Le voyageur fumant.
Entre le ciel et lui, comme un tourbillon sombre,
Il les voit, puis les perd, et les entend dans l'ombre
Voler confusément.

Enfin, après trois jours d'une course insensée,
Après avoir franchi fleuves à l'eau glacée,
Steppes, forêts, déserts,
Le cheval tombe aux cris des mille oiseaux de proie,
Et son ongle de fer sur la pierre qu'il broie
Éteint ses quatre éclairs.

Voilà l'infortuné gisant, nu, misérable,
Tout tacheté de sang, plus rouge que l'érable
Dans la saison des fleurs.
Le nuage d'oiseaux sur lui tourne et s'arrête;
Maint bec ardent aspire à ronger dans sa tête
Ses yeux brûlés de pleurs.

Eh bien! ce condamné qui hurle et qui se traîne,
Ce cadavre vivant, les tribus de l'Ukraine
Le feront prince un jour.
Un jour, semant les champs de morts sans sépultures,
Il dédommagera par de larges pâtures
L'orfraie et le vautour.

Sa sauvage grandeur naîtra de son supplice.
Un jour, des vieux hetmans il ceindra la pelisse,
Grand à l'œil ébloui;
Et quand il passera, ces peuples de la tente,
Prosternés, enverront la fanfare éclatante
Bondir autour de lui!

II

Ainsi lorsqu'un mortel, sur qui son dieu s'étale,
S'est vu lier vivant sur ta croupe fatale,
Génie, ardent coursier,
En vain il lutte, hélas! tu bondis, tu l'emportes
Hors du monde réel, dont tu brises les portes
Avec tes pieds d'acier!

Tu franchis avec lui déserts, cimes chenues
Des vieux monts, et les mers, et, par delà les nues,
De sombres régions;
Et mille impurs esprits que ta course réveille
Autour du voyageur, insolente merveille,
Pressent leurs légions!

Il traverse d'un vol, sur tes ailes de flamme,
Tous les champs du possible, et les mondes de l'âme;
Boit au fleuve éternel;
Dans la nuit orageuse ou la nuit étoilée,
Sa chevelure, aux crins des comètes mêlée,
Flamboie au front du ciel.

Les six lunes d'Herschel[1], l'anneau du vieux Saturne,
Le pôle, arrondissant une aurore nocturne
Sur son front boréal,
Il voit tout; et pour lui ton vol, que rien ne lasse,
De ce monde sans borne à chaque instant déplace
L'horizon idéal.

Qui peut savoir, hormis les démons et les anges,
Ce qu'il souffre à te suivre, et quels éclairs étranges
A ses yeux reluiront,
Comme il sera brûlé d'ardentes étincelles,
Hélas! et dans la nuit combien de froides ailes
Viendront battre son front?

Il crie épouvanté, tu poursuis implacable.
Pâle, épuisé, béant, sous ton vol qui l'accable
Il ploie avec effroi;
Chaque pas que tu fais semble creuser sa tombe.
Enfin le terme arrive... il court, il vole, il tombe,
Et se relève roi!

Mai 1828.

XXXV

LE DANUBE EN COLÈRE

Admonet, et magna testatur voce per umbras.

VIRGILE[1].

Belgrade et Semlin[2] sont en guerre.
Dans son lit, paisible naguère,
Le vieillard Danube leur père
S'éveille au bruit de leur canon.
Il doute s'il rêve, il tressaille,
Puis entend gronder la bataille,
Et frappe dans ses mains d'écaille,
Et les appelle par leur nom.

« Allons! la turque et la chrétienne!
» Semlin! Belgrade! qu'avez-vous?
» On ne peut, le ciel me soutienne!
» Dormir un instant sans que vienne
» Vous éveiller d'un bruit jaloux
» Belgrade ou Semlin en courroux!

» Hiver, été, printemps, automne,
» Toujours votre canon qui tonne!
» Bercé du courant monotone,
» Je sommeillais dans mes roseaux;
» Et, comme des louves marines
» Jettent l'onde de leurs narines,
» Voilà vos longues couleuvrines
» Qui soufflent du feu sur mes eaux!

» Ce sont des sorcières oisives
» Qui vous mirent, pour rire un jour,
» Face à face sur mes deux rives,
» Comme au même plat deux convives,
» Comme au front de la même tour
» Une aire d'aigle, un nid d'autour.

» Quoi! ne pouvez-vous vivre ensemble,
» Mes filles? Faut-il que je tremble
» Du destin qui ne vous rassemble
» Que pour vous haïr de plus près,
» Quand vous pourriez, sœurs pacifiques,
» Mirer dans mes eaux magnifiques,
» Semlin, tes noirs clochers gothiques,
» Belgrade, tes blancs minarets?

» Mon flot, qui dans l'Océan tombe,
» Vous sépare en vain, large et clair;
» Du haut du château qui surplombe
» Vous vous unissez, et la bombe,
» Entre vous courbant son éclair,
» Vous trace un pont de feu dans l'air.

» Trêve! taisez-vous, les deux villes!
» Je m'ennuie aux guerres civiles.
» Nous sommes vieux, soyons tranquilles.
» Dormons à l'ombre des bouleaux.
» Trêve à ces débats de familles!
» Hé! sans le bruit de vos bastilles,
» N'ai-je donc point assez, mes filles,
» De l'assourdissement des flots?

» Une croix, un croissant fragile,
» Changent en enfer ce beau lieu.
» Vous échangez la bombe agile
» Pour le koran et l'évangile?
» C'est perdre le bruit et le feu :
» Je le sais, moi qui fus un dieu!

» Vos dieux m'ont chassé de leur sphère
» Et dégradé, c'est leur affaire!
» L'ombre est le bien que je préfère,
» Pourvu qu'ils gardent leurs palais,
» Et ne viennent pas sur mes plages
» Déraciner mes verts feuillages,
» Et m'écraser mes coquillages
» Sous leurs bombes et leurs boulets!

» De leurs abominables cultes
» Ces inventions sont le fruit.
» De mon temps point de ces tumultes.
» Si la pierre des catapultes
» Battait les cités jour et nuit,
» C'était sans fumée et sans bruit.

» Voyez Ulm, votre sœur jumelle :
» Tenez-vous en repos comme elle.
» Que le fil des rois se démêle,
» Tournez vos fuseaux, et riez.
» Voyez Bude, votre voisine;
» Voyez Dristra la sarrasine[1]!
» Que dirait l'Etna, si Messine
» Faisait tout ce bruit à ses pieds?

» Semlin est la plus querelleuse :
» Elle a toujours les premiers torts.
» Croyez-vous que mon eau houleuse,
» Suivant sa pente rocailleuse,
» N'ait rien à faire entre ses bords
» Qu'à porter à l'Euxin vos morts?

» Vos mortiers ont tant de fumée
» Qu'il fait nuit dans ma grotte aimée,
» D'éclats d'obus toujours semée!
» Du jour j'ai perdu le tableau;
» Le soir, la vapeur de leur bouche
» Me couvre d'une ombre farouche,
» Quand je cherche à voir de ma couche
» Les étoiles à travers l'eau.

» Sœurs, à vous cribler de blessures
» Espérez-vous un grand renom?
» Vos palais deviendront masures.
» Ah! qu'en vos noires embrasures
» La guerre se taise, ou sinon
» J'éteindrai, moi, votre canon.

» Car je suis le Danube immense.
» Malheur à vous, si je commence!
» Je vous souffre ici par clémence.
» Si je voulais, de leur prison,
» Mes flots lâchés dans les campagnes,
» Emportant vous et vos compagnes,
» Comme une chaîne de montagnes
» Se lèveraient à l'horizon! »

Certe, on peut parler de la sorte
Quand c'est au canon qu'on répond,
Quand des rois on baigne la porte,
Lorsqu'on est Danube, et qu'on porte,
Comme l'Euxin et l'Hellespont,
De grands vaisseaux au triple pont;

Lorsqu'on ronge cent ponts de pierres,
Qu'on traverse les huit Bavières,
Qu'on reçoit soixante rivières
Et qu'on les dévore en fuyant;
Qu'on a, comme une mer, sa houle;
Quand sur le globe on se déroule
Comme un serpent, et quand on coule
De l'occident à l'orient!

JUIN 1828.

XXXVI

RÊVERIE

Lo giorno se n' andava, e l'aer bruno
Toglieva gli animai che sono 'n terra,
Dalle fatiche loro.

DANTE[1].

Oh! laissez-moi! c'est l'heure où l'horizon qui fume
Cache un front inégal sous un cercle de brume,
L'heure où l'astre géant rougit et disparaît.
Le grand bois jaunissant dore seul la colline :
On dirait qu'en ces jours où l'automne décline,
Le soleil et la pluie ont rouillé la forêt.

Oh! qui fera surgir soudain, qui fera naître,
Là-bas, — tandis que seul je rêve à la fenêtre
Et que l'ombre s'amasse au fond du corridor, —
Quelque ville mauresque, éclatante, inouïe,
Qui, comme la fusée en gerbe épanouie,
Déchire ce brouillard avec ses flèches d'or!

Qu'elle vienne inspirer, ranimer, ô génies!
Mes chansons, comme un ciel d'automne rembrunies,
Et jeter dans mes yeux son magique reflet,
Et longtemps, s'éteignant en rumeurs étouffées,
Avec les mille tours de ses palais de fées,
Brumeuse, denteler l'horizon violet!

5 septembre 1828.

XXXVII

EXTASE

Et j'entendis une grande voix.
Apocalypse.

J'étais seul près des flots, par une nuit d'étoiles.
Pas un nuage aux cieux, sur les mers pas de voiles.
Mes yeux plongeaient plus loin que le monde réel.
Et les bois, et les monts, et toute la nature,
Semblaient interroger dans un confus murmure
Les flots des mers, les feux du ciel.

Et les étoiles d'or, légions infinies,
A voix haute, à voix basse, avec mille harmonies,
Disaient, en inclinant leurs couronnes de feu ;
Et les flots bleus, que rien ne gouverne et n'arrête,
Disaient, en recourbant l'écume de leur crête :
— C'est le Seigneur, le Seigneur Dieu !

25 novembre 1828.

XXXVIII

LE POÈTE AU CALIFE

> **Tous les habitants de la terre sont devant lui comme un néant; il fait tout ce qui lui plaît; et nul ne peut résister à sa main puissante, ni lui dire : Pourquoi avez-vous fait ainsi?**
>
> **DANIEL.**

O sultan Noureddin[1], calife aimé de Dieu!
Tu gouvernes, seigneur, l'empire du milieu,
De la mer rouge au fleuve jaune.
Les rois des nations, vers ta face tournés,
Pavent, silencieux, de leurs fronts prosternés
Le chemin qui mène à ton trône.

Ton sérail est très grand, tes jardins sont très beaux.
Tes femmes ont des yeux vifs comme des flambeaux
Qui pour toi seul percent leurs voiles.
Lorsque, astre impérial, aux peuples pleins d'effroi
Tu luis, tes trois cents fils brillent autour de toi
Comme ton cortège d'étoiles.

Ton front porte une aigrette et ceint le turban vert.
Tu peux voir folâtrer dans leur bain, entr'ouvert

Sous la fenêtre où tu te penches,
Les femmes de Madras plus douces qu'un parfum,
Et les filles d'Alep qui sur leur beau sein brun
Ont des colliers de perles blanches.

Ton sabre large et nu semble en ta main grandir.
Toujours dans la bataille on le voit resplendir,
Sans trouver turban qui le rompe,
Au point où la mêlée a de plus noirs détours,
Où les grands éléphants, entre-choquant leurs tours,
Prennent des chevaux dans leur trompe.

Une fée est cachée en tout ce que tu vois.
Quand tu parles, calife, on dirait que ta voix
Descend d'un autre monde au nôtre;
Dieu lui-même t'admire, et de félicités
Emplit la coupe d'or que tes jours enchantés,
Joyeux, se passent l'un à l'autre.

Mais souvent dans ton cœur, radieux Noureddin,
Une triste pensée apparaît, et soudain
Glace ta grandeur taciturne;
Telle en plein jour parfois, sous un soleil de feu,
La lune, astre des morts, blanche au fond d'un ciel bleu,
Montre à demi son front nocturne.

Octobre 1828.

XXXIX

BOUNABERDI[1]

Grand comme le monde.

Souvent Bounaberdi, sultan des Francs d'Europe,
Que comme un noir manteau le semoun enveloppe,
Monte, géant lui-même, au front d'un mont géant,
D'où son regard, errant sur le sable et sur l'onde,
Embrasse d'un coup d'œil les deux moitiés du monde
Gisantes à ses pieds dans l'abîme béant.

Il est seul et debout sur ce sublime faîte.
A sa droite couché, le désert qui le fête
D'un nuage de poudre importune ses yeux;
A sa gauche la mer, dont jadis il fut l'hôte,
Élève jusqu'à lui sa voix profonde et haute,
Comme aux pieds de son maître aboie un chien joyeux.

Et le vieil empereur, que tour à tour réveille
Ce nuage à ses yeux, ce bruit à son oreille,
Rêve, et, comme à l'amante on voit songer l'amant,
Croit que c'est une armée, invisible et sans nombre,
Qui fait cette poussière et ce bruit pour son ombre,
Et sous l'horizon gris passe éternellement!

PRIÈRE

Oh! quand tu reviendras rêver sur la montagne,
Bounaberdi! regarde un peu dans la campagne
Ma tente qui blanchit dans les sables grondants;
Car je suis libre et pauvre, un Arabe du Caire
Et quand j'ai dit : Allah! mon bon cheval de guerre
Vole, et sous sa paupière a deux charbons ardents!

Novembre 1828.

XL

LUI

J'étais géant alors, et haut de cent coudées.

Bonaparte.

I

Toujours lui! Lui partout! — Ou brûlante ou glacée,
Son image sans cesse ébranle ma pensée.
Il verse à mon esprit le souffle créateur.
Je tremble, et dans ma bouche abondent les paroles
Quand son nom gigantesque, entouré d'auréoles,
Se dresse dans mon vers de toute sa hauteur.

Là, je le vois, guidant l'obus aux bonds rapides,
Là, massacrant le peuple au nom des régicides,
Là, soldat, aux tribuns arrachant leurs pouvoirs,
Là, consul jeune et fier, amaigri par des veilles
Que des rêves d'empire emplissaient de merveilles,
Pâle sous ses longs cheveux noirs.

Puis, empereur puissant, dont la tête s'incline,
Gouvernant un combat du haut de la colline,
Promettant une étoile à ses soldats joyeux,
Faisant signe aux canons qui vomissent les flammes,
De son âme à la guerre armant six cent mille âmes,
Grave et serein, avec un éclair dans les yeux.

Puis, pauvre prisonnier, qu'on raille et qu'on tourmente,
Croisant ses bras oisifs sur son sein qui fermente,
En proie aux geôliers vils comme un vil criminel,
Vaincu, chauve, courbant son front noir de nuages,
Promenant sur un roc où passent les orages
Sa pensée, orage éternel.

Qu'il est grand, là surtout! quand, puissance brisée,
Des porte-clefs anglais misérable risée,
Au sacre du malheur il retrempe ses droits,
Tient au bruit de ses pas deux mondes en haleine,
Et, mourant de l'exil, gêné dans Sainte-Hélène,
Manque d'air dans la cage où l'exposent les rois!

Qu'il est grand à cette heure où, prêt à voir Dieu même,
Son œil qui s'éteint roule une larme suprême!
Il évoque à sa mort sa vieille armée en deuil,
Se plaint à ses guerriers d'expirer solitaire,
Et, prenant pour linceul son manteau militaire,
Du lit de camp passe au cercueil!

II

A Rome, où du Sénat hérite le conclave,
A l'Elbe, aux monts blanchis de neige ou noirs de lave,
Au menaçant Kremlin, à l'Alhambra riant,
Il est partout! — Au Nil je le rencontre encore.
L'Égypte resplendit des feux de son aurore;
Son astre impérial se lève à l'orient.

Vainqueur, enthousiaste, éclatant de prestiges,
Prodige, il étonna la terre des prodiges.
Les vieux scheiks vénéraient l'émir jeune et prudent;
Le peuple redoutait ses armes inouïes;
Sublime, il apparut aux tribus éblouies
Comme un Mahomet d'Occident.

Leur féerie a déjà réclamé son histoire;
La tente de l'arabe est pleine de sa gloire.
Tout bédouin libre était son hardi compagnon;
Les petits enfants, l'œil tourné vers nos rivages,
Sur un tambour français règlent leurs pas sauvages,
Et les ardents chevaux hennissent à son nom.

Parfois il vient, porté sur l'ouragan numide,
Prenant pour piédestal la grande pyramide,
Contempler les déserts, sablonneux océans.
Là, son ombre, éveillant le sépulcre sonore,
Comme pour la bataille, y ressuscite encore
Les quarante siècles géants.

Il dit : Debout! Soudain chaque siècle se lève,
Ceux-ci portant le sceptre et ceux-là ceints du glaive,
Satrapes, pharaons, mages, peuple glacé;
Immobiles, poudreux, muets, sa voix les compte;
Tous semblent, adorant son front qui les surmonte,
Faire à ce roi des temps une cour du passé.

Ainsi tout, sous les pas de l'homme ineffaçable,
Tout devient monument; il passe sur le sable,

Mais qu'importe qu'Assur de ses flots soit couvert,
Que l'aquilon sans cesse y fatigue son aile!
Son pied colossal laisse une trace éternelle
Sur le front mouvant du désert.

III

Histoire, poésie, il joint du pied vos cimes.
Éperdu, je ne puis dans ces mondes sublimes
Remuer rien de grand sans toucher à son nom;
Oui, quand tu m'apparais, pour le culte ou le blâme,
Les chants volent pressés sur mes lèvres de flamme,
Napoléon! soleil dont je suis le Memnon[1]!

Tu domines notre âge; ange ou démon, qu'importe?
Ton aigle dans son vol, haletants, nous emporte.
L'œil même qui te fuit te retrouve partout.
Toujours dans nos tableaux tu jettes ta grande ombre;
Toujours Napoléon, éblouissant et sombre,
Sur le seuil du siècle est debout.

Ainsi, quand, du Vésuve explorant le domaine,
De Naple à Portici l'étranger se promène,
Lorsqu'il trouble, rêveur, de ses pas importuns
Ischia, de ses fleurs embaumant l'onde heureuse
Dont le bruit, comme un chant de sultane amoureuse,
Semble une voix qui vole au milieu des parfums;

Qu'il hante de Pæstum l'auguste colonnade[2],
Qu'il écoute à Pouzzol la vive sérénade

Chantant la tarentelle au pied d'un mur toscan;
Qu'il éveille en passant cette cité momie,
Pompéi, corps gisant d'une ville endormie,
Saisie un jour par le volcan;

Qu'il erre au Pausilippe avec la barque agile
D'où le brun marinier chante Tasse à Virgile[1];
Toujours, sous l'arbre vert, sur les lits de gazon,
Toujours il voit, du sein des mers ou des prairies,
Du haut des caps, du bord des presqu'îles fleuries,
Toujours le noir géant qui fume à l'horizon!

Décembre 1828.

XLI

NOVEMBRE

> Je lui dis : La rose du jardin, comme tu sais, dure peu; et la saison des roses est bien vite écoulée.
>
> SADI.

Quand l'Automne, abrégeant les jours qu'elle dévore,
Éteint leurs soirs de flamme et glace leur aurore,
Quand Novembre de brume inonde le ciel bleu,
Que le bois tourbillonne et qu'il neige des feuilles,
O ma muse! en mon âme alors tu te recueilles,
Comme un enfant transi qui s'approche du feu.

Devant le sombre hiver de Paris qui bourdonne,
Ton soleil d'orient s'éclipse, et t'abandonne,
Ton beau rêve d'Asie avorte, et tu ne vois
Sous tes yeux que la rue au bruit accoutumée,
Brouillard à ta fenêtre, et longs flots de fumée
Qui baignent en fuyant l'angle noirci des toits.

Alors s'en vont en foule et sultans et sultanes,
Pyramides, palmiers, galères capitanes,
Et le tigre vorace et le chameau frugal,
Djinns au vol furieux, danses des bayadères,
L'Arabe qui se penche au cou des dromadaires,
Et la fauve girafe au galop inégal!

Alors, éléphants blancs chargés de femmes brunes,
Cités aux dômes d'or où les mois sont des lunes,
Imans de Mahomet, mages, prêtres de Bel,
Tout fuit, tout disparaît : — plus de minaret maure,
Plus de sérail fleuri, plus d'ardente Gomorrhe
Qui jette un reflet rouge au front noir de Babel!

C'est Paris, c'est l'hiver. — A ta chanson confuse
Odalisques, émirs, pachas, tout se refuse.
Dans ce vaste Paris le klephte est à l'étroit;
Le Nil déborderait; les roses du Bengale
Frissonnent dans ces champs où se tait la cigale;
A ce soleil brumeux les Péris auraient froid.

Pleurant ton Orient, alors, muse ingénue,
Tu viens à moi, honteuse, et seule, et presque nue.
— N'as-tu pas, me dis-tu, dans ton cœur jeune encor
Quelque chose à chanter, ami? car je m'ennuie
A voir ta blanche vitre où ruisselle la pluie,
Moi qui dans mes vitraux avais un soleil d'or!

Puis, tu prends mes deux mains dans tes mains diaphanes;
Et nous nous asseyons, et, loin des yeux profanes,
Entre mes souvenirs je t'offre les plus doux,
Mon jeune âge, et ses jeux, et l'école mutine,
Et les serments sans fin de la vierge enfantine,
Aujourd'hui mère heureuse aux bras d'un autre époux.

Je te raconte aussi comment, aux Feuillantines[1],
Jadis tintaient pour moi les cloches argentines;

Comment, jeune et sauvage, errait ma liberté,
Et qu'à dix ans, parfois, resté seul à la brune,
Rêveur, mes yeux cherchaient les deux yeux de la lune,
Comme la fleur qui s'ouvre aux tièdes nuits d'été.

Puis tu me vois du pied pressant l'escarpolette
Qui d'un vieux marronnier fait crier le squelette,
Et vole, de ma mère éternelle terreur!
Puis je te dis les noms de mes amis d'Espagne,
Madrid, et son collège où l'ennui t'accompagne,
Et nos combats d'enfants pour le grand Empereur[1]!

Puis encor mon bon père, ou quelque jeune fille
Morte à quinze ans, à l'âge où l'œil s'allume et brille.
Mais surtout tu te plais aux premières amours,
Frais papillons dont l'aile, en fuyant rajeunie,
Sous le doigt qui la fixe est si vite ternie,
Essaim doré qui n'a qu'un jour dans tous nos jours.

15 novembre 1828.

LES FEUILLES D'AUTOMNE

PRÉFACE

Le moment politique est grave : personne ne le conteste, et l'auteur de ce livre moins que personne. Au dedans, toutes les solutions sociales remises en question; toutes les membrures du corps politique tordues, refondues ou reforgées dans la fournaise d'une révolution, sur l'enclume sonore des journaux; le vieux mot *pairie*, jadis presque aussi reluisant que le mot *royauté*, qui se transforme et change de sens[1]; le retentissement perpétuel de la tribune sur la presse et de la presse sur la tribune; l'émeute qui fait la morte[2]. Au dehors, çà et là, sur la face de l'Europe, des peuples tout entiers qu'on assassine, qu'on déporte en masse ou qu'on met aux fers, l'Irlande dont on fait un cimetière, l'Italie dont on fait un bagne, la Sibérie qu'on peuple avec la Pologne[3]; partout d'ailleurs, dans les états même les plus paisibles, quelque chose de vermoulu qui se disloque, et, pour les oreilles attentives, le bruit sourd que font les révolutions, encore enfouies dans la sape, en poussant sous tous les royaumes de l'Europe leurs galeries souterraines, ramifications de la grande révolution centrale dont le cratère est Paris. Enfin, au dehors comme au dedans, les croyances en lutte, les consciences en travail; de nouvelles religions, chose sérieuse! qui bégayent des formules, mauvaises d'un côté, bonnes de l'autre[4]; les vieilles religions qui font peau neuve; Rome, la cité de la foi, qui va se redresser peut-être à la hauteur de Paris, la cité de l'intelligence[1]; les théories, les imaginations et les systèmes aux prises de toutes parts avec le vrai; la question de l'avenir déjà explorée et sondée comme celle du passé. Voilà où nous en sommes au mois de novembre 1831.

Sans doute, en un pareil moment, au milieu d'un si orageux conflit de toutes les choses et de tous les hommes, en présence de ce concile tumultueux de toutes les idées, de toutes les croyances, de toutes les erreurs, occupées à rédiger et à débattre en discussion publique la formule de l'humanité au dix-neuvième siècle, c'est folie de publier un volume de pauvres vers désintéressés. Folie! pourquoi?

L'art, et l'auteur de ce livre n'a jamais varié dans cette pensée, l'art a sa loi qu'il suit, comme le reste a la sienne. Parce que la terre tremble, est-ce une raison pour qu'il ne marche pas? Voyez le seizième siècle. C'est une immense époque pour la société humaine, mais c'est une immense époque pour l'art. C'est le passage de l'unité religieuse et politique à la liberté de conscience et de cité, de l'orthodoxie au schisme, de la discipline à l'examen, de la grande synthèse sacerdotale qui a fait le moyen-âge à l'analyse philosophique qui va le dissoudre; c'est tout cela; et c'est aussi le tournant magnifique et éblouissant de perspectives sans nombre, de l'art gothique à l'art classique. Ce n'est partout, sur le sol de la vieille Europe, que guerres religieuses, guerres civiles, guerres pour un dogme, guerres pour un sacrement, guerres pour une idée, de peuple à peuple, de roi à roi, d'homme à homme, que cliquetis d'épées toujours tirées et de docteurs toujours irrités, que commotions politiques, que chutes et écroulements des choses anciennes, que bruyant et sonore avènement des nouveautés; en même temps, ce n'est dans l'art que chefs-d'œuvre. On convoque la diète de Worms, mais on peint la chapelle Sixtine. Il y a Luther, mais il y a Michel-Ange[1].

Ce n'est donc pas une raison, parce que aujourd'hui d'autres vieilleries croulent à leur tour autour de nous, et remarquons en passant que Luther est dans les vieilleries et que Michel-Ange n'y est pas, ce n'est pas une raison parce qu'à leur tour aussi d'autres nouveautés surgissent dans ces décombres, pour que l'art, cette chose éternelle, ne continue pas de verdoyer et de florir entre la ruine d'une société qui n'est plus et l'ébauche d'une société qui n'est pas encore.

Parce que la tribune aux harangues regorge de Démosthènes, parce que les rostres sont encombrés de Cicérons, parce que nous avons trop de Mirabeaux, ce n'est pas une raison pour que nous n'ayons pas, dans quelque coin obscur, un poète.

Il est donc tout simple, quel que soit le tumulte de la place publique, que l'art persiste, que l'art s'entête, que l'art se reste fidèle à lui-même, *tenax propositi*[2]. Car la poésie ne s'adresse pas seulement au sujet de telle monarchie, au sénateur de telle oligarchie, au citoyen de telle république, au natif de telle nation; elle s'adresse à l'homme, à l'homme tout entier. A l'adolescent, elle parle de l'amour; au père, de la famille; au vieillard, du passé; et, quoi qu'on fasse, quelles que soient les révolutions futures, soit qu'elles prennent les sociétés caduques aux entrailles, soit qu'elles leur écorchent seulement l'épiderme, à travers tous les changements politiques possibles, il y aura toujours des enfants, des mères, des jeunes filles, des vieillards, des hommes enfin, qui aimeront, qui se réjouiront, qui souffriront. C'est à eux que va la poésie. Les révolutions, ces glorieux changements d'âge de l'humanité, les révolutions transforment tout, excepté le cœur humain. Le cœur humain est comme la terre; on peut semer, on peut planter, on peut bâtir ce qu'on veut à sa surface; mais il n'en continuera pas moins à produire ses verdures, ses fleurs, ses fruits naturels; mais jamais pioches ni sondes ne le troubleront à de certaines profondeurs; mais, de même qu'elle sera toujours la terre, il sera toujours le cœur humain; la base de l'art, comme elle de la nature.

Pour que l'art fût détruit, il faudrait donc commencer par détruire le cœur humain.

Ici se présente une objection d'une autre espèce : — Sans contredit, dans le moment même le plus critique d'une crise politique, un pur ouvrage d'art peut apparaître à l'horizon; mais toutes les passions, toutes les attentions, toutes les intelligences ne seront-elles pas trop absorbées par l'œuvre sociale qu'elles élaborent en commun, pour que le lever de cette sereine étoile de poésie fasse tourner les yeux à la foule? — Ceci n'est plus qu'une question de second ordre, la question de succès, la question du libraire et non du poète. Le fait répond d'ordinaire oui ou non aux questions de ce genre, et, au fond, il importe peu. Sans doute il y a des moments où les affaires matérielles de la société vont mal, où le courant ne les porte pas, où, accrochées à tous les accidents politiques qui se rencontrent chemin faisant, elles se gênent, s'engorgent, se barrent et s'embarrassent les unes dans les autres. Mais qu'est-ce que cela fait? D'ailleurs, parce que le vent, comme on dit, n'est pas à la poésie, ce n'est pas un motif pour que la poésie ne prenne pas son vol.

Tout au contraire des vaisseaux, les oiseaux ne volent bien que contre le vent. Or la poésie tient de l'oiseau. *Musa ales*[1], dit un ancien.

Et c'est pour cela même qu'elle est plus belle et plus forte, risquée au milieu des orages politiques. Quand on sent la poésie d'une certaine façon, on l'aime mieux habitant la montagne et la ruine, planant sur l'avalanche, bâtissant son aire dans la tempête, qu'en fuite vers un perpétuel printemps. On l'aime mieux aigle qu'hirondelle.

Hâtons-nous de déclarer ici, car il en est peut-être temps, que dans tout ce que l'auteur de ce livre vient de dire pour expliquer l'opportunité d'un volume de véritable poésie qui apparaîtrait dans un moment où il y a tant de prose dans les esprits, et à cause de cette prose même, il est très loin d'avoir voulu faire la moindre allusion à son propre ouvrage. Il en sent l'insuffisance et l'indigence tout le premier. L'artiste, comme l'auteur le comprend, qui prouve la vitalité de l'art au milieu d'une révolution, le poète qui fait acte de poésie entre deux émeutes, est un grand homme, un génie, un œil, ὀφθαλμός, comme dit admirablement la métaphore grecque[2]. L'auteur n'a jamais prétendu à la splendeur de ces titres, au-dessus desquels il n'y a rien. Non; s'il publie en ce mois de novembre 1831 *les Feuilles d'Automne*, c'est que le contraste entre la tranquillité de ces vers et l'agitation fébrile des esprits lui a paru curieux à voir au grand jour. Il ressent, en abandonnant ce livre inutile au flot populaire qui emporte tant d'autres choses meilleures, un peu de ce mélancolique plaisir qu'on éprouve à jeter une fleur dans un torrent, et à voir ce qu'elle devient.

Qu'on lui passe une image un peu ambitieuse, le volcan d'une révolution était ouvert devant ses yeux.

Le volcan l'a tenté. Il s'y précipite. Il sait fort bien du reste qu'Empédocle n'est pas un grand homme, et qu'il n'est resté de lui que sa chaussure[1].

Il laisse donc aller ce livre à sa destinée, quelle qu'elle soit, *liber, ibis in urbem*[2], et demain il se tournera d'un autre côté. Qu'est-ce d'ailleurs que ces pages qu'il livre ainsi, au hasard, au premier vent qui en voudra? Des feuilles tombées, des feuilles mortes, comme toutes feuilles d'automne. Ce n'est point là de la poésie de tumulte et de bruit; ce sont des vers sereins et paisibles, des vers comme tout le monde en fait ou en rêve, des vers de la famille, du foyer domestique, de la vie privée; des vers de l'intérieur de l'âme. C'est un regard mélancolique et résigné, jeté çà et là sur ce qui est, surtout sur ce qui a été. C'est l'écho de ces pensées, souvent inexprimables, qu'éveillent confusément dans notre esprit les mille objets de la création qui souffrent ou qui languissent autour de nous, une fleur qui s'en va, une étoile qui tombe, un soleil qui se couche, une église sans toit, une rue pleine d'herbe; ou l'arrivée imprévue d'un ami de collège presque oublié, quoique toujours aimé dans un repli obscur du cœur; ou la contemplation de ces hommes à volonté forte qui brisent le destin ou se font briser par lui; ou le passage d'un de ces êtres faibles qui ignorent l'avenir, tantôt un enfant, tantôt un roi. Ce sont enfin, sur la vanité des projets et des espérances, sur l'amour à vingt ans, sur l'amour à trente ans, sur ce qu'il y a de triste dans le bonheur, sur cette infinité de choses douloureuses dont se composent nos années, ce sont de ces élégies comme le cœur du poète en laisse sans cesse écouler par toutes les fêlures que lui font les secousses de la vie. Il y a deux mille ans que Térence disait :

Plenus rimarum sum; hac atque illac
Perfluo[1].

C'est maintenant le lieu de répondre à la question des personnes qui ont bien voulu demander à l'auteur si les deux ou trois odes inspirées par les événements contemporains, qu'il a publiées à différentes époques depuis dix-huit mois, seraient comprises dans *les Feuilles d'Automne*. Non. Il n'y a point ici place pour cette poésie qu'on appelle politique et qu'il voudrait qu'on appelât historique. Ces poésies véhémentes et passionnées auraient troublé le calme et l'unité de ce volume. Elles font d'ailleurs partie d'un recueil de poésie politique, que l'auteur tient en réserve[2]. Il attend pour le publier un moment plus littéraire.

Ce que sera ce recueil, quelles sympathies et quelles antipathies l'inspireront, on peut en juger, si l'on en est curieux, par la pièce XL du livre que nous mettons au jour. Cependant, dans la position indépendante, désintéressée et laborieuse où l'auteur a voulu rester, dégagé de toute haine comme de toute reconnaissance politique, ne devant rien à aucun de ceux qui sont puissants aujourd'hui, prêt à se laisser reprendre tout ce qu'on aurait pu lui laisser par indifférence ou par oubli, il croit avoir le droit de dire d'avance que ses vers seront ceux d'un homme honnête, simple et sérieux, qui veut toute liberté, toute amélioration, tout progrès, et en même temps toute précaution, tout ménagement et toute mesure; qui n'a plus, il est vrai, la même opinion qu'il y a dix ans sur ces choses variables qui constituent les questions politiques, mais qui, dans ses changements de conviction, s'est toujours laissé conseiller par sa conscience, jamais par son intérêt. Il répétera en outre ici ce qu'il a déjà dit ailleurs* et ce qu'il ne se lassera jamais de dire et de prouver : que, quelle que soit sa partialité passionnée pour les peuples dans l'immense querelle qui s'agite au dix-neuvième siècle entre eux et les rois, jamais il n'oubliera quelles ont été les opinions, les crédulités, et même les erreurs de sa première jeunesse. Il n'attendra jamais qu'on lui rappelle qu'il a été, à dix-sept ans, stuartiste, jacobite et cavalier[1]; qu'il a presque aimé la Vendée avant la France; que si son père a été un des premiers volontaires de la grande république[2], sa mère, pauvre fille de quinze ans, en fuite à travers le Bocage, a été une *brigande*, comme madame de Bonchamp et madame de Larochejaquelein[3]. Il n'insultera pas la race tombée, parce qu'il est de ceux qui ont eu foi en elle et qui, chacun pour sa part et selon son importance, avaient cru pouvoir répondre d'elle à la France. D'ailleurs, quelles que soient les fautes, quels que soient même les crimes, c'est le cas plus que jamais de prononcer le nom de Bourbon avec précaution, gravité et respect, maintenant que le vieillard qui a été le roi n'a plus sur la tête que des cheveux blancs.

Paris, 24 novembre 1831.

* Préface de *Marion de Lorme.*

I

Data fata secutus.
Devise des Saint-John[1].

Ce siècle avait deux ans! Rome remplaçait Sparte,
Déjà Napoléon perçait sous Bonaparte,
Et du premier consul, déjà, par maint endroit,
Le front de l'empereur brisait le masque étroit.
Alors dans Besançon, vieille ville espagnole[2],
Jeté comme la graine au gré de l'air qui vole,
Naquit d'un sang breton et lorrain à la fois
Un enfant sans couleur, sans regard et sans voix;
Si débile qu'il fut, ainsi qu'une chimère,
Abandonné de tous, excepté de sa mère,
Et que son cou ployé comme un frêle roseau
Fit faire en même temps sa bière et son berceau.
Cet enfant que la vie effaçait de son livre,
Et qui n'avait pas même un lendemain à vivre,
C'est moi. —

Je vous dirai peut-être quelque jour
Quel lait pur, que de soins, que de vœux, que d'amour,
Prodigués pour ma vie en naissant condamnée,
M'ont fait deux fois l'enfant de ma mère obstinée,
Ange qui sur trois fils attachés à ses pas
Épandait son amour et ne mesurait pas!
O l'amour d'une mère! amour que nul n'oublie!
Pain merveilleux qu'un dieu partage et multiplie!

Table toujours servie au paternel foyer!
Chacun en a sa part et tous l'ont tout entier!

Je pourrai dire un jour, lorsque la nuit douteuse
Fera parler les soirs ma vieillesse conteuse,
Comment ce haut destin de gloire et de terreur
Qui remuait le monde aux pas de l'empereur,
Dans son souffle orageux m'emportant sans défense,
A tous les vents de l'air fit flotter mon enfance[1].
Car, lorsque l'aquilon bat ses flots palpitants,
L'océan convulsif tourmente en même temps
Le navire à trois ponts qui tonne avec l'orage,
Et la feuille échappée aux arbres du rivage!

Maintenant, jeune encore et souvent éprouvé,
J'ai plus d'un souvenir profondément gravé,
Et l'on peut distinguer bien des choses passées
Dans ces plis de mon front que creusent mes pensées.
Certes, plus d'un vieillard sans flamme et sans cheveux,
Tombé de lassitude au bout de tous ses vœux,
Pâlirait s'il voyait, comme un gouffre dans l'onde,
Mon âme où ma pensée habite, comme un monde,
Tout ce que j'ai souffert, tout ce que j'ai tenté,
Tout ce qui m'a menti comme un fruit avorté,
Mon plus beau temps passé sans espoir qu'il renaisse,
Les amours, les travaux, les deuils de ma jeunesse,
Et quoiqu'encore à l'âge où l'avenir sourit,
Le livre de mon cœur à toute page écrit!

Si parfois de mon sein s'envolent mes pensées,
Mes chansons par le monde en lambeaux dispersées;

S'il me plaît de cacher l'amour et la douleur
Dans le coin d'un roman ironique et railleur;
Si j'ébranle la scène avec ma fantaisie,
Si j'entre-choque aux yeux d'une foule choisie
D'autres hommes comme eux, vivant tous à la fois
De mon souffle et parlant au peuple avec ma voix;
Si ma tête, fournaise où mon esprit s'allume,
Jette le vers d'airain qui bouillonne et qui fume
Dans le rythme profond, moule mystérieux
D'où sort la strophe ouvrant ses ailes dans les cieux;
C'est que l'amour, la tombe, et la gloire, et la vie,
L'onde qui fuit, par l'onde incessamment suivie,
Tout souffle, tout rayon, ou propice ou fatal,
Fait reluire et vibrer mon âme de cristal,
Mon âme aux mille voix, que le Dieu que j'adore
Mit au centre de tout comme un écho sonore!

D'ailleurs j'ai purement passé les jours mauvais,
Et je sais d'où je viens, si j'ignore où je vais.
L'orage des partis avec son vent de flamme
Sans en altérer l'onde a remué mon âme.
Rien d'immonde en mon cœur, pas de limon impur
Qui n'attendît qu'un vent pour en troubler l'azur!

Après avoir chanté, j'écoute et je contemple,
A l'empereur tombé dressant dans l'ombre un temple,
Aimant la liberté pour ses fruits, pour ses fleurs,
Le trône pour son droit, le roi pour ses malheurs;
Fidèle enfin au sang qu'ont versé dans ma veine
Mon père vieux soldat, ma mère vendéenne!

23 juin 1830.

II

A M. LOUIS B.[1]

Lyrnessi domus alta, solo Laurente sepulcrum

VIRGILE[2].

Louis, quand vous irez, dans un de vos voyages,
Voir Bordeaux, Pau, Bayonne et ses charmants rivages,
Toulouse la romaine où dans des jours meilleurs
J'ai cueilli tout enfant la poésie en fleurs,
Passez par Blois[3]. — Et là, bien volontiers sans doute,
Laissez dans le logis vos compagnons de route,
Et tandis qu'ils joueront, riront ou dormiront,
Vous, avec vos pensers qui haussent votre front,
Montez à travers Blois cet escalier de rues
Que n'inonde jamais la Loire au temps des crues;
Laissez là le château, quoique sombre et puissant,
Quoiqu'il ait à la face une tache de sang[4];
Admirez, en passant, cette tour octogone
Qui fait à ses huit pans hurler une gorgone;
Mais passez. — Et sorti de la ville, au midi,
Cherchez un tertre vert, circulaire, arrondi,
Que surmonte un grand arbre, un noyer, ce me semble,
Comme au cimier d'un casque une plume qui tremble.
Vous le reconnaîtrez, ami, car, tout rêvant,
Vous l'aurez vu de loin sans doute en arrivant.

Sur le tertre monté, que la plaine bleuâtre,
Que la ville étagée en long amphithéâtre,
Que l'église, ou la Loire, et ses voiles aux vents,
Et ses mille archipels plus que ses flots mouvants,
Et de Chambord là-bas au loin les cent tourelles
Ne fassent pas voler votre pensée entre elles.
Ne levez pas vos yeux si haut que l'horizon,
Regardez à vos pieds. —

Louis, cette maison
Qu'on voit, bâtie en pierre et d'ardoise couverte,
Blanche et carrée, au bas de la colline verte,
Et qui, fermée à peine aux regards étrangers,
S'épanouit charmante entre ses deux vergers,
C'est là. — Regardez bien. C'est le toit de mon père.
C'est ici qu'il s'en vint dormir après la guerre,
Celui que tant de fois mes vers vous ont nommé,
Que vous n'avez pas vu, qui vous aurait aimé!

Alors, ô mon ami, plein d'une extase amère,
Pensez pieusement, d'abord à votre mère,
Et puis à votre sœur, et dites : « Notre ami
Ne reverra jamais son vieux père endormi!

« Hélas! il a perdu cette sainte défense
Qui protège la vie encore après l'enfance,
Ce pilote prudent, qui pour dompter le flot
Prête une expérience au jeune matelot!
Plus de père pour lui[1]! plus rien qu'une mémoire!
Plus d'auguste vieillesse à couronner de gloire!
Plus de récits guerriers, plus de beaux cheveux blancs
A faire caresser par les petits enfants!

Hélas! il a perdu la moitié de sa vie,
L'orgueil de faire voir à la foule ravie
Son père, un vétéran, un général ancien!
Ce foyer où l'on est plus à l'aise qu'au sien,
Et le seuil paternel qui tressaille de joie
Quand du fils qui revient le chien fidèle aboie!

« Le grand arbre est tombé! resté seul au vallon,
L'arbuste est désormais à nu sous l'aquilon.
Quand l'aïeul disparaît du sein de la famille,
Tout le groupe orphelin, mère, enfants, jeune fille,
Se rallie inquiet autour du père seul
Que ne dépasse plus le front blanc de l'aïeul.
C'est son tour maintenant. Du soleil, de la pluie,
On s'abrite à son ombre, à sa tige on s'appuie.
C'est à lui de veiller, d'enseigner, de souffrir,
De travailler pour tous, d'agir, et de mourir!
Voilà que va bientôt sur sa tête vieillie
Descendre la sagesse austère et recueillie;
Voilà que ses beaux ans s'envolent tour à tour,
Emportant l'un sa joie et l'autre son amour,
Ses songes de grandeur et de gloire ingénue,
Et que pour travailler son âme reste nue,
Laissant là l'espérance et les rêves dorés,
Ainsi que la glaneuse, alors que dans les prés
Elle marche, d'épis emplissant sa corbeille,
Quitte son vêtement de fête de la veille!
Mais le soir, la glaneuse aux branches d'un buisson
Reprendra ses atours, et chantant sa chanson
S'en reviendra parée, et belle, et consolée;
Tandis que cette vie, âpre et morne vallée,

N'a point de buisson vert où l'on retrouve un jour
L'espoir, l'illusion, l'innocence et l'amour!

« Il continuera donc sa tâche commencée,
Tandis que sa famille, autour de lui pressée,
Sur son front, où des ans s'imprimera le cours,
Verra tomber sans cesse et s'amasser toujours,
Comme les feuilles d'arbre au vent de la tempête,
Cette neige des jours qui blanchit notre tête!

« Ainsi du vétéran par la guerre épargné,
Rien ne reste à son fils, muet et résigné,
Qu'un tombeau vide, et toi, la maison orpheline
Qu'on voit blanche et carrée au bas de la colline,
Gardant, comme un parfum dans le vase resté,
Un air de bienvenue et d'hospitalité!

« Un sépulcre à Paris[1]! de pierre ou de porphyre,
Qu'importe! Les tombeaux des aigles de l'empire
Sont auprès. Ils sont là tous ces vieux généraux
Morts un jour de victoire en antiques héros,
Ou, regrettant peut-être et canons et mitraille,
Tombés à la tribune, autre champ de bataille.
Ses fils ont déposé sa cendre auprès des leurs,
Afin qu'en l'autre monde, heureux pour les meilleurs,
Il puisse converser avec ses frères d'armes.
Car sans doute ces chefs, pleurés de tant de larmes,
Ont là-bas une tente. Ils y viennent le soir
Parler de guerre; au loin, dans l'ombre, ils peuvent voir
Flotter de l'ennemi les enseignes rivales,
Et l'empereur au fond passe par intervalles.

« Une maison à Blois! riante, quoique en deuil,
Élégante et petite, avec un lierre au seuil,
Et qui fait soupirer le voyageur d'envie
Comme un charmant asile à reposer sa vie,
Tant sa neuve façade a de fraîches couleurs,
Tant son front est caché dans l'herbe et dans les fleurs!

« Maison! sépulcre! hélas, pour retrouver quelque ombre
De ce père parti sur le navire sombre,
Où faut-il que le fils aille égarer ses pas?
Maison, tu ne l'as plus! tombeau, tu ne l'as pas! »

4 juin 1830.

III

RÊVERIE D'UN PASSANT A PROPOS D'UN ROI

Prœbete aures, vos qui continetis multitudines et placetis vobis in turbis nationum, quoniam non custodistis legem justitiœ, neque secundum voluntatem Dei ambulastis.

SAP. VI[1].

Voitures et chevaux à grand bruit, l'autre jour,
Menaient le roi de Naple au gala de la cour[2].
J'étais au Carrousel, passant, avec la foule
Qui par ses trois guichets incessamment s'écoule
Et traverse ce lieu quatre cents fois par an
Pour regarder un prince ou voir l'heure au cadran.
Je suivais lentement, comme l'onde suit l'onde,
Tout ce peuple, songeant qu'il était dans le monde,
Certes, le fils aîné du vieux peuple romain,
Et qu'il avait un jour, d'un revers de sa main,
Déraciné du sol les tours de la Bastille.
Je m'arrêtai : le suisse avait fermé la grille.

Et le tambour battait, et parmi les bravos
Passait chaque voiture avec ses huit chevaux.
La fanfare emplissait la vaste cour, jonchée
D'officiers redressant leur tête empanachée;
Et les royaux coursiers marchaient sans s'étonner,
Fiers de voir devant eux des drapeaux s'incliner.

Or, attentive au bruit, une femme, une vieille,
En haillons, et portant au bras quelque corbeille,
Branlant son chef ridé, disait à haute voix :
— Un roi! sous l'empereur, j'en ai tant vu, des rois!

Alors je ne vis plus des voitures dorées
La haute impériale et les rouges livrées,
Et, tandis que passait et repassait cent fois
Tout ce peuple inquiet, plein de confuses voix,
Je rêvai. Cependant la vieille vers la Grève[1]
Poursuivait son chemin en me laissant mon rêve,
Comme l'oiseau qui va, dans la forêt lâché,
Laisse trembler la feuille où son aile a touché.

Oh! disais-je, la main sur mon front étendue,
Philosophie, au bas du peuple descendue!
Des petits sur les grands grave et hautain regard!
Où ce peuple est venu, le peuple arrive tard;
Mais il est arrivé. Le voilà qui dédaigne!
Il n'est rien qu'il admire, ou qu'il aime, ou qu'il craigne.
Il sait tirer de tout d'austères jugements,
Tant le marteau de fer des grands événements
A, dans ces durs cerveaux qu'il façonnait sans cesse,
Comme un coin dans le chêne enfoncé la sagesse!

Il s'est dit tant de fois : — Où le monde en est-il?
Que font les rois? à qui le trône? à qui l'exil? —
Qu'il médite aujourd'hui, comme un juge suprême,
Sachant la fin de tout, se croyant en soi-même
Assez fort pour tout voir et pour tout épargner,
Lui qu'on n'exile pas et qui laisse régner!

La cour est en gala! pendant qu'au-dessous d'elle,
Comme sous le vaisseau l'océan qui chancelle,
Sans cesse remué, gronde un peuple profond
Dont nul regard de roi ne peut sonder le fond.
Démence et trahison qui disent sans relâche :
— O rois, vous êtes rois! confiez votre tâche
Aux mille bras dorés qui soutiennent vos pas.
Dormez, n'apprenez point et ne méditez pas
De peur que votre front, qu'un prestige environne,
Fasse en s'élargissant éclater la couronne! —

O rois, veillez, veillez! tâchez d'avoir régné.
Ne nous reprenez pas ce qu'on avait gagné;
Ne faites point, des coups d'une bride rebelle,
Cabrer la liberté qui vous porte avec elle[1];
Soyez de votre temps, écoutez ce qu'on dit,
Et tâchez d'être grands, car le peuple grandit.

Écoutez! écoutez, à l'horizon immense,
Ce bruit qui parfois tombe et soudain recommence,
Ce murmure confus, ce sourd frémissement
Qui roule, et qui s'accroît de moment en moment.
C'est le peuple qui vient, c'est la haute marée
Qui monte incessamment, par son astre attirée.
Chaque siècle, à son tour, qu'il soit d'or ou de fer,
Dévoré comme un cap sur qui monte la mer,
Avec ses lois, ses mœurs, les monuments qu'il fonde,
Vains obstacles qui font à peine écumer l'onde,
Avec tout ce qu'on vit et qu'on ne verra plus,
Disparaît sous ce flot qui n'a pas de reflux.
Le sol toujours s'en va, le flot toujours s'élève.
Malheur à qui le soir s'attarde sur la grève,

Et ne demande pas au pêcheur qui s'enfuit
D'où vient qu'à l'horizon l'on entend ce grand bruit!
Rois, hâtez-vous! rentrez dans le siècle où nous sommes,
Quittez l'ancien rivage! — A cette mer des hommes
Faites place, ou voyez si vous voulez périr
Sur le siècle passé que son flot doit couvrir!
Ainsi ce qu'en passant avait dit cette femme
Remuait mes pensers dans le fond de mon âme,
Quand un soldat soudain, du poste détaché,
Me cria : — Compagnon, le soleil est couché.

18 mai 1830.

IV

De todo, nada. De todos, nadie.

CALDERON[1].

Que t'importe, mon cœur, ces naissances des rois,
Ces victoires qui font éclater à la fois
Cloches et canons en volées,
Et louer le Seigneur en pompeux appareil,
Et la nuit, dans le ciel des villes en éveil,
Monter des gerbes étoilées?

Porte ailleurs ton regard sur Dieu seul arrêté!
Rien ici-bas qui n'ait en soi sa vanité :
La gloire fuit à tire-d'aile;
Couronnes, mitres d'or, brillent, mais durent peu;
Elles ne valent pas le brin d'herbe que Dieu
Fait pour le nid de l'hirondelle!

Hélas! plus de grandeur contient plus de néant!
La bombe atteint plutôt l'obélisque géant
Que la tourelle des colombes.
C'est toujours par la mort que Dieu s'unit aux rois;
Leur couronne dorée a pour faîte sa croix,
Son temple est pavé de leurs tombes.

Quoi! hauteur de nos tours, splendeur de nos palais,
Napoléon, César, Mahomet, Périclès,

Rien qui ne tombe et ne s'efface!
Mystérieux abîme où l'esprit se confond!
A quelques pieds sous terre un silence profond,
Et tant de bruit à la surface!

30 juin 1830.

2 voix différentes : nature (la mer) vs l'homme (triste)

V

CE QU'ON ENTEND SUR LA MONTAGNE

O altitudo![1]

Avez-vous quelquefois, calme et silencieux,
Monté sur la montagne, en présence des cieux?
Était-ce aux bords du Sund? aux côtes de Bretagne?
Aviez-vous l'océan au pied de la montagne?
Et là, penché sur l'onde et sur l'immensité,
Calme et silencieux, avez-vous écouté?
Voici ce qu'on entend : — du moins un jour qu'en rêve
Ma pensée abattit son vol sur une grève,
Et, du sommet d'un mont plongeant au gouffre amer,
Vit d'un côté la terre et de l'autre la mer,
J'écoutai, j'entendis et jamais voix pareille
Ne sortit d'une bouche et n'émut une oreille.

Ce fut d'abord un bruit large, immense, confus,
Plus vague que le vent dans les arbres touffus,
Plein d'accords éclatants, de suaves murmures,
Doux comme un chant du soir, fort comme un choc [d'armures
Quand la sourde mêlée étreint les escadrons
Et souffle, furieuse, aux bouches des clairons.
C'était une musique ineffable et profonde,
Qui, fluide, oscillait sans cesse autour du monde,
Et dans les vastes cieux, par ses flots rajeunis,
Roulait élargissant ses orbes infinis

Jusqu'au fond où son flux s'allait perdre dans l'ombre
Avec le temps, l'espace et la forme et le nombre.
Comme une autre atmosphère épars et débordé,
L'hymne éternel couvrait tout le globe inondé.
Le monde, enveloppé dans cette symphonie,
Comme il vogue dans l'air, voguait dans l'harmonie.

Et pensif, j'écoutais ces harpes de l'éther,
Perdu dans cette voix comme dans une mer.
Bientôt je distinguai, confuses et voilées,
Deux voix, dans cette voix l'une à l'autre mêlées,
De la terre et des mers s'épanchant jusqu'au ciel,
Qui chantaient à la fois le chant universel;
Et je les distinguai dans la rumeur profonde,
Comme on voit deux courants qui se croisent sous l'onde.

L'une venait des mers; chant de gloire! hymne heureux!
C'était la voix des flots qui se parlaient entre eux;
L'autre, qui s'élevait de la terre où nous sommes,
Était triste; c'était le murmure des hommes;
Et dans ce grand concert, qui chantait jour et nuit,
Chaque onde avait sa voix et chaque homme son bruit.

Or, comme je l'ai dit, l'océan magnifique
Épandait une voix joyeuse et pacifique,
Chantait comme la harpe aux temples de Sion,
Et louait la beauté de la création.
Sa clameur, qu'emportaient la brise et la rafale,
Incessamment vers Dieu montait plus triomphale,
Et chacun de ses flots que Dieu seul peut dompter,
Quand l'autre avait fini, se levait pour chanter.

Comme ce grand lion dont Daniel fut l'hôte[1],
L'océan par moments abaissait sa voix haute;
Et moi je croyais voir, vers le couchant en feu,
Sous sa crinière d'or passer la main de Dieu.

Cependant, à côté de l'auguste fanfare,
L'autre voix, comme un cri de coursier qui s'effare,
Comme le gond rouillé d'une porte d'enfer,
Comme l'archet d'airain sur la lyre de fer,
Grinçait; et pleurs, et cris, l'injure, l'anathème,
Refus du viatique et refus du baptême,
Et malédiction, et blasphème, et clameur;
Dans le flot tournoyant de l'humaine rumeur
Passaient, comme le soir on voit dans les vallées
De noirs oiseaux de nuit qui s'en vont par volées.
Qu'était-ce que ce bruit dont mille échos vibraient?
Hélas! c'était la terre et l'homme qui pleuraient.

Frère! de ces deux voix étranges, inouïes,
Sans cesse renaissant, sans cesse évanouies,
Qu'écoute l'Éternel durant l'éternité,
L'une disait : NATURE! et l'autre : HUMANITÉ!

Alors je méditai; car mon esprit fidèle,
Hélas! n'avait jamais déployé plus grande aile;
Dans mon ombre jamais n'avait lui tant de jour;
Et je rêvai longtemps, contemplant tour à tour,
Après l'abîme obscur que me cachait la lame,
L'autre abîme sans fond qui s'ouvrait dans mon âme.
Et je me demandai pourquoi l'on est ici,
Quel peut être après tout le but de tout ceci,

Que fait l'âme, lequel vaut mieux d'être ou de vivre,
Et pourquoi le Seigneur, qui seul lit à son livre,
Mêle éternellement dans un fatal hymen
Le chant de la nature au cri du genre humain?

27 juillet 1829.

VI

A UN VOYAGEUR

> L'une partie du monde ne sait point comme l'autre vit et se gouverne.
>
> PHILIPPE DE COMMINES.

Ami, vous revenez d'un de ces longs voyages
Qui nous font vieillir vite, et nous changent en sages
Au sortir du berceau.
De tous les océans votre course a vu l'onde,
Hélas! et vous feriez une ceinture au monde
Du sillon du vaisseau.

Le soleil de vingt cieux a mûri votre vie.
Partout où vous mena votre inconstante envie,
Jetant et ramassant,
Pareil au laboureur qui récolte et qui sème,
Vous avez pris des lieux et laissé de vous-même
Quelque chose en passant.

Tandis que votre ami, moins heureux et moins sage,
Attendait des saisons l'uniforme passage
Dans le même horizon,
Et comme l'arbre vert qui de loin la dessine,
A sa porte effeuillant ses jours, prenait racine
Au seuil de sa maison!

Vous êtes fatigué, tant vous avez vu d'hommes!
Enfin vous revenez, las de ce que nous sommes,
Vous reposer en Dieu.
Triste, vous me contez vos courses infécondes,
Et vos pieds ont mêlé la poudre de trois mondes
Aux cendres de mon feu.

Or, maintenant, le cœur plein de choses profondes,
Des enfants dans vos mains tenant les têtes blondes,
Vous me parlez ici,
Et vous me demandez, sollicitude amère!
— Où donc ton père? où donc ton fils? où donc ta mère?
— Ils voyagent aussi!

Le voyage qu'ils font n'a ni soleil, ni lune;
Nul homme n'y peut rien porter de sa fortune,
Tant le maître est jaloux!
Le voyage qu'ils font est profond et sans bornes,
On le fait à pas lents, parmi des faces mornes,
Et nous le ferons tous!

J'étais à leur départ comme j'étais au vôtre.
En diverses saisons, tous trois, l'un après l'autre,
Ils ont pris leur essor.
Hélas! j'ai mis en terre, à cette heure suprême,
Ces têtes que j'aimais. Avare, j'ai moi-même
Enfoui mon trésor.

Je les ai vus partir. J'ai, faible et plein d'alarmes,
Vu trois fois un drap noir semé de blanches larmes

Tendre ce corridor.
J'ai sur leurs froides mains pleuré comme une femme.
Mais, le cercueil fermé, mon âme a vu leur âme
Ouvrir deux ailes d'or!

Je les ai vus partir comme trois hirondelles
Qui vont chercher bien loin des printemps plus fidèles
Et des étés meilleurs.
Ma mère vit le ciel, et partit la première,
Et son œil en mourant fut plein d'une lumière
Qu'on n'a point vue ailleurs.

Et puis mon premier-né la suivit; puis mon père,
Fier vétéran âgé de quarante ans de guerre,
Tout chargé de chevrons[1].
Maintenant ils sont là! tous trois dorment dans l'ombre,
Tandis que leurs esprits font le voyage sombre,
Et vont où nous irons!

Si vous voulez, à l'heure où la lune décline,
Nous monterons tous deux la nuit sur la colline
Où gisent nos aïeux[2].
Je vous dirai, montrant à votre vue amie
La ville morte auprès de la ville endormie :
Laquelle dort le mieux?

Venez; muets tous deux et couchés contre terre,
Nous entendrons, tandis que Paris fera taire
Son vivant tourbillon,
Ces millions de morts, moisson du fils de l'homme,
Sourdre confusément dans leurs sépulcres, comme
Le grain dans le sillon!

Combien vivent joyeux qui devaient, sœurs ou frères,
Faire un pleur éternel de quelques ombres chères!
Pouvoir des ans vainqueurs!
Les morts durent bien peu. Laissons-les sous la pierre!
Hélas! dans le cercueil ils tombent en poussière
Moins vite qu'en nos cœurs!

Voyageur! voyageur! Quelle est notre fclie!
Qui sait combien de morts à chaque heure on oublie?
Des plus chers, des plus beaux?
Qui peut savoir combien toute douleur s'émousse,
Et combien sur la terre un jour d'herbe qui pousse
Efface de tombeaux!

6 juillet 1829.

VII

DICTÉ EN PRÉSENCE DU GLACIER DU RHONE

Causa tangor ab omni.

OVIDE[1].

Souvent, quand mon esprit riche en métamorphoses
Flotte et roule endormi sur l'océan des choses,
Dieu, foyer du vrai jour qui ne luit point aux yeux,
Mystérieux soleil dont l'âme est embrasée,
Le frappe d'un rayon, et, comme une rosée,
Le ramasse et l'enlève aux cieux.

Alors, nuage errant, ma haute poésie
Vole capricieuse et sans route choisie,
De l'occident au sud, du nord à l'orient;
Et regarde, du haut des radieuses voûtes,
Les cités de la terre, et, les dédaignant toutes,
Leur jette son ombre en fuyant.

Puis, dans l'or du matin luisant comme une étoile,
Tantôt elle y découpe une frange à son voile,
Tantôt, comme un guerrier qui résonne en marchant,
Elle frappe d'éclairs la forêt qui murmure,
Et tantôt en passant rougit sa noire armure
Dans la fournaise du couchant.

Enfin sur un vieux mont, colosse à tête grise,
Sur des Alpes de neige un vent jaloux la brise.
Qu'importe! Suspendu sur l'abîme béant
Le nuage se change en un glacier sublime,
Et des mille fleurons qui hérissent sa cime,
Fait une couronne au géant!

Comme le haut cimier du mont inabordable,
Alors il dresse au loin sa crête formidable.
L'arc-en-ciel vacillant joue à son flanc d'acier;
Et, chaque soir, tandis que l'ombre en bas l'assiège,
Le soleil, ruisselant en lave sur sa neige,
Change en cratère le glacier.

Son front blanc dans la nuit semble une aube éternelle;
Le chamois effaré, dont le pied vaut une aile,
L'aigle même le craint, sombre et silencieux;
La tempête à ses pieds tourbillonne et se traîne;
L'œil ose à peine atteindre à sa face sereine,
Tant il est avant dans les cieux!

Et seul, à ces hauteurs, sans crainte et sans vertige,
Mon esprit, de la terre oubliant le prestige,
Voit le jour étoilé, le ciel qui n'est plus bleu,
Et contemple de près ces splendeurs sidérales
Dont la nuit sème au loin ses sombres cathédrales,
Jusqu'à ce qu'un rayon de Dieu

Le frappe de nouveau, le précipite, et change
Les prismes du glacier en flots mêlés de fange;

Alors il croule, alors, éveillant mille échos,
Il retombe en torrent dans l'océan du monde,
Chaos aveugle et sourd, mer immense et profonde,
Où se ressemblent tous les flots!

Au gré du divin souffle ainsi vont mes pensées,
Dans un cercle éternel incessamment poussées.
Du terrestre océan dont les flots sont amers,
Comme sous un rayon monte une nue épaisse,
Elles montent toujours vers le ciel, et sans cesse
Redescendent des cieux aux mers.

1er mai 1829.

VIII

A M. DAVID, STATUAIRE[1]

D'hommes tu nous fais dieux.
RÉGNIER.

Oh! que ne suis-je un de ces hommes
Qui, géants d'un siècle effacé,
Jusque dans le siècle où nous sommes
Règnent du fond de leur passé!
Que ne suis-je, prince ou poète,
De ces mortels à haute tête,
D'un monde à la fois base et faîte,
Que leur temps ne peut contenir;
Qui, dans le calme ou dans l'orage,
Qu'on les adore ou les outrage,
Devançant le pas de leur âge,
Marchent un pied dans l'avenir!

Que ne suis-je une de ces flammes,
Un de ces pôles glorieux,
Vers qui penchent toutes les âmes,
Sur qui se fixent tous les yeux!
De ces hommes dont les statues,
Du flot des temps toujours battues,
D'un tel signe sont revêtues

Que, si le hasard les abat,
S'il les détrône de leur sphère,
Du bronze auguste on ne peut faire
Que des cloches pour la prière
Ou des canons pour le combat!

Que n'ai-je un de ces fronts sublimes,
David! Mon corps, fait pour souffrir,
Du moins sous tes mains magnanimes
Renaîtrait pour ne plus mourir!
Du haut du temple ou du théâtre,
Colosse de bronze ou d'albâtre,
Salué d'un peuple idolâtre,
Je surgirais sur la cité,
Comme un géant en sentinelle,
Couvrant la ville de mon aile,
Dans quelque attitude éternelle
De génie et de majesté!

Car c'est toi, lorsqu'un héros tombe,
Qui le relèves souverain!
Toi qui le scelles sur sa tombe
Qu'il foule avec des pieds d'airain!
Rival de Rome et de Ferrare,
Tu pétris pour le mortel rare
Ou le marbre froid de Carrare,
Ou le métal qui fume et bout.
Le grand homme au tombeau s'apaise
Quand ta main, à qui rien ne pèse,
Hors du bloc ou de la fournaise
Le jette vivant et debout!

Sans toi peut-être sa mémoire
Pâlirait d'un oubli fatal;
Mais c'est toi qui sculptes sa gloire
Visible sur un piédestal.
Ce fanal, perdu pour le monde,
Feu rampant dans la nuit profonde,
S'éteindrait, sans montrer sur l'onde
Ni les écueils ni le chemin.
C'est ton souffle qui le ranime;
C'est toi qui, sur le sombre abîme,
Dresses le colosse sublime
Qui prend le phare dans sa main[1].

Lorsqu'à tes yeux une pensée
Sous les traits d'un grand homme a lui,
Tu la fais marbre, elle est fixée,
Et les peuples disent : C'est lui!
Mais avant d'être pour la foule,
Longtemps dans ta tête elle roule
Comme une flamboyante houle
Au fond du volcan souterrain;
Loin du grand jour qui la réclame
Tu la fais bouillir dans ton âme;
Ainsi de ses langues de flamme
Le feu saisit l'urne d'airain.

Va! que nos villes soient remplies
De tes colosses radieux!
Qu'à jamais tu te multiplies
Dans un peuple de demi-dieux!
Fais de nos cités des Corinthes!
Oh! ta pensée a des étreintes

Dont l'airain garde les empreintes,
Dont le granit s'enorgueillit!
Honneur au sol que ton pied foule!
Un métal dans tes veines coule;
Ta tête ardente est un grand moule
D'où l'idée en bronze jaillit!

Bonaparte eût voulu renaître
De marbre et géant sous ta main;
Cromwell, son aïeul et son maître,
T'eût livré son front surhumain;
Ton bras eût sculpté pour l'Espagne
Charles-Quint; pour nous, Charlemagne,
Un pied sur l'hydre d'Allemagne,
L'autre sur Rome aux sept coteaux;
Au sépulcre prêt à descendre,
César t'eût confié sa cendre;
Et c'est toi qu'eût pris Alexandre
Pour lui tailler le mont Athos[1]!

28 juillet 1828.

IX

A M. DE LAMARTINE

Te referent fluctus!

HORACE[1].

Naguère une même tourmente,
Ami, battait nos deux esquifs;
Une même vague écumante
Nous jetait aux mêmes récifs;
Les mêmes haines débordées
Gonflaient sous nos nefs inondées
Leurs flots toujours multipliés,
Et, comme un océan qui roule,
Toutes les têtes de la foule
Hurlaient à la fois sous nos pieds!

Qu'allais-je faire en cet orage,
Moi qui m'échappais du berceau?
Moi qui vivais d'un peu d'ombrage
Et d'un peu d'air, comme l'oiseau?
A cette mer qui le repousse
Pourquoi livrer mon nid de mousse

Où le jour n'osait pénétrer?
Pourquoi donner à la rafale
Ma belle robe nuptiale
Comme une voile à déchirer?

C'est que, dans mes songes de flamme,
C'est que, dans mes rêves d'enfant,
J'avais toujours présents à l'âme
Ces hommes au front triomphant,
Qui, tourmentés d'une autre terre,
En ont deviné le mystère
Avant que rien en soit venu,
Dont la tête au ciel est tournée,
Dont l'âme, boussole obstinée,
Toujours cherche un pôle inconnu!

Ces Gamas en qui rien n'efface
Leur indomptable ambition,
Savent qu'on n'a vu qu'une face
De l'immense création.
Ces Colombs, dans leur main profonde,
Pèsent la terre et pèsent l'onde
Comme à la balance du ciel,
Et, voyant d'en haut toute cause,
Sentent qu'il manque quelque chose
A l'équilibre universel!

Ce contre-poids qui se dérobe,
Ils le chercheront, ils iront;
Ils rendront sa ceinture au globe,
A l'univers son double front;

Ils partent, on plaint leur folie!
L'onde les emporte; on oublie
Le voyage et le voyageur!... —
Tout à coup de la mer profonde
Ils ressortent avec leur monde,
Comme avec sa perle un plongeur!

Voilà quelle était ma pensée.
Quand sur le flot sombre et grossi
Je risquai ma nef insensée,
Moi, je cherchais un monde aussi!
Mais, à peine loin du rivage,
J'ai vu sur l'océan sauvage
Commencer dans un tourbillon
Cette lutte qui me déchire
Entre les voiles du navire
Et les ailes de l'aquilon!

C'est alors qu'en l'orage sombre
J'entrevis ton mât glorieux
Qui, bien avant le mien, dans l'ombre,
Fatiguait l'autan furieux.
Alors, la tempête était haute,
Nous combattîmes côte à côte,
Tous deux, moi barque, toi vaisseau,
Comme le frère auprès du frère,
Comme le nid auprès de l'aire,
Comme auprès du lit le berceau!

L'autan criait dans nos antennes,
Le flot lavait nos ponts mouvants,
Nos banderoles incertaines
Frissonnaient au souffle des vents.

Nous voyions les vagues humides,
Comme des cavales numides,
Se dresser, hennir, écumer;
L'éclair, rougissant chaque lame,
Mettait des crinières de flamme
A tous ces coursiers de la mer!

Nous, échevelés dans la brume,
Chantant plus haut dans l'ouragan,
Nous admirions la vaste écume
Et la beauté de l'océan!
Tandis que la foudre sublime
Planait tout en feu sur l'abîme,
Nous chantions, hardis matelots,
La laissant passer sur nos têtes,
Et, comme l'oiseau des tempêtes,
Tremper ses ailes dans les flots!

Échangeant nos signaux fidèles
Et nous saluant de la voix,
Pareils à deux sœurs hirondelles,
Nous voulions, tous deux à la fois,
Doubler le même promontoire,
Remporter la même victoire,
Dépasser le siècle en courroux;
Nous tentions le même voyage;
Nous voyions surgir dans l'orage
Le même Adamastor jaloux[1]!

Bientôt la nuit toujours croissante,
Ou quelque vent qui t'emportait,
M'a dérobé ta nef puissante
Dont l'ombre auprès de moi flottait!

Seul je suis resté sous la nue.
Depuis, l'orage continue,
Le temps est noir, le vent mauvais;
L'ombre m'enveloppe et m'isole,
Et, si je n'avais ma boussole,
Je ne saurais pas où je vais!

Dans cette tourmente fatale
J'ai passé les nuits et les jours,
J'ai pleuré la terre natale,
Et mon enfance et mes amours.
Si j'implorais le flot qui gronde,
Toutes les cavernes de l'onde
Se rouvraient jusqu'au fond des mers;
Si j'invoquais le ciel, l'orage,
Avec plus de bruit et de rage,
Secouait sa gerbe d'éclairs!

Longtemps, laissant le vent bruire,
Je t'ai cherché, criant ton nom!
Voici qu'enfin je te vois luire
A la cime de l'horizon.
Mais ce n'est plus la nef ployée,
Battue, errante, foudroyée
Sous tous les caprices des cieux,
Rêvant d'idéales conquêtes,
Risquant à travers les tempêtes
Un voyage mystérieux!

C'est un navire magnifique
Bercé par le flot souriant,
Qui, sur l'océan pacifique,
Vient du côté de l'orient!

Toujours en avant de sa voile
On voit cheminer une étoile
Qui rayonne à l'œil ébloui;
Jamais on ne le voit éclore
Sans une étincelante aurore
Qui se lève derrière lui!

Le ciel serein, la mer sereine
L'enveloppent de tous côtés;
Par ses mâts et par sa carène
Il plonge aux deux immensités!
Le flot s'y brise en étincelles;
Ses voiles sont comme des ailes
Au souffle qui vient les gonfler;
Il vogue, il vogue vers la plage,
Et, comme le cygne qui nage,
On sent qu'il pourrait s'envoler!

Le peuple, auquel il se révèle
Comme une blanche vision,
Roule, prolonge, et renouvelle
Une immense acclamation.
La foule inonde au loin la rive.
Oh! dit-elle, il vient, il arrive!
Elle l'appelle avec des pleurs,
Et le vent porte au beau navire,
Comme à Dieu l'encens et la myrrhe,
L'haleine de la terre en fleurs!

Oh! rentre au port, esquif sublime!
Jette l'ancre loin des frimas!
Vois cette couronne unanime
Que la foule attache à tes mâts!

Oublie et l'onde et l'aventure,
Et le labeur de la mâture,
Et le souffle orageux du nord;
Triomphe à l'abri des naufrages,
Et ris-toi de tous les orages
Qui rongent les chaînes du port!

Tu reviens de ton Amérique!
Ton monde est trouvé! — Sur les flots
Ce monde, à ton souffle lyrique,
Comme un œuf sublime est éclos!
C'est un univers qui s'éveille!
Une création pareille
A celle qui rayonne au jour!
De nouveaux infinis qui s'ouvrent!
Un de ces mondes que découvrent
Ceux qui de l'âme ont fait le tour!

Tu peux dire à qui doute encore :
« J'en viens! j'en ai cueilli ce fruit!
Votre aurore n'est pas l'aurore,
Et votre nuit n'est pas la nuit.
Votre soleil ne vaut pas l'autre.
Leur jour est plus bleu que le vôtre.
Dieu montre sa face en leur ciel.
J'ai vu luire une croix d'étoiles
Clouée à leurs nocturnes voiles
Comme un labarum éternel! »

Tu dirais la verte savane,
Les hautes herbes des déserts,
Et les bois dont le zéphyr vanne
Toutes les graines dans les airs;

Les grandes forêts inconnues;
Les caps d'où s'envolent les nues
Comme l'encens des saints trépieds;
Les fruits de lait et d'ambroisie,
Et les mines de poésie
Dont tu jettes l'or à leurs pieds!

Et puis encor tu pourrais dire,
Sans épuiser ton univers,
Ses monts d'agate et de porphyre,
Ses fleuves qui noieraient leurs mers;
De ce monde, né de la veille,
Tu peindrais la beauté vermeille,
Terre vierge et féconde à tous,
Patrie où rien ne nous repousse;
Et ta voix magnifique et douce
Les ferait tomber à genoux!

Désormais, à tous tes voyages
Vers ce monde trouvé par toi,
En foule ils courront aux rivages
Comme un peuple autour de son roi!
Mille acclamations sur l'onde
Suivront longtemps ta voile blonde
Brillante en mer comme un fanal,
Salueront le vent qui t'enlève,
Puis sommeilleront sur la grève
Jusqu'à ton retour triomphal!

Ah! soit qu'au port ton vaisseau dorme,
Soit qu'il se livre sans effroi
Aux baisers de la mer difforme
Qui hurle béante sous moi,

De ta sérénité sublime
Regarde parfois dans l'abîme,
Avec des yeux de pleurs remplis,
Ce point noir dans ton ciel limpide,
Ce tourbillon sombre et rapide
Qui roule une voile en ses plis!

C'est mon tourbillon, c'est ma voile!
C'est l'ouragan qui, furieux,
A mesure éteint chaque étoile
Qui se hasarde dans mes cieux!
C'est la tourmente qui m'emporte!
C'est la nuée ardente et forte
Qui se joue avec moi dans l'air,
Et tournoyant comme une roue,
Fait étinceler sur ma proue
Le glaive acéré de l'éclair!

Alors, d'un cœur tendre et fidèle,
Ami, souviens-toi de l'ami
Que toujours poursuit à coups d'aile
Le vent dans ta voile endormi.
Songe que du sein de l'orage
Il t'a vu surgir au rivage
Dans un triomphe universel,
Et qu'alors il levait la tête,
Et qu'il oubliait sa tempête
Pour chanter l'azur de ton ciel!

Et si mon invisible monde
Toujours à l'horizon me fuit,
Si rien ne germe dans cette onde
Que je laboure jour et nuit,

Si mon navire de mystère
Se brise à cette ingrate terre
Que cherchent mes yeux obstinés,
Pleure, ami, mon ombre jalouse!
Colomb doit plaindre Lapeyrouse[1].
Tous deux étaient prédestinés!

20 juin 1830.

X

Æstuat infelix[1].

Un jour au mont Atlas les collines jalouses
Dirent : — Vois nos prés verts, vois nos fraîches pelouses
Où vient la jeune fille, errante en liberté,
Chanter, rire, et rêver après qu'elle a chanté;
Nos pieds que l'océan baise en grondant à peine,
Le sauvage océan! notre tête sereine,
A qui l'été de flamme et la rosée en pleurs
Font tant épanouir de couronnes de fleurs!

Mais toi, géant! — d'où vient que sur ta tête chauve
Planent incessamment des aigles à l'œil fauve?
Qui donc, comme une branche où l'oiseau fait son nid,
Courbe ta large épaule et ton dos de granit?
Pourquoi dans tes flancs noirs tant d'abîmes pleins [d'ombre?
Quel orage éternel te bat d'un éclair sombre?
Qui t'a mis tant de neige et de rides au front?
Et ce front, où jamais printemps ne souriront,
Qui donc le courbe ainsi? quelle sueur l'inonde?... —

Atlas leur répondit : — C'est que je porte un monde.

24 avril 1830.

XI

DÉDAIN[1]

Yo contra todos y todos contra yo.
Romance de Viejo Arias[2].

I

Qui peut savoir combien de jalouses pensées,
De haines, par l'envie en tous lieux ramassées,
De sourds ressentiments, d'inimitiés sans frein,
D'orages à courber les plus sublimes têtes,
Combien de passions, de fureurs, de tempêtes,
Grondent autour de toi, jeune homme au front serein!

Tu ne le sais pas, toi! — Car tandis qu'à ta base
La gueule des serpents s'élargit et s'écrase,
Tandis que ces rivaux, que tu croyais meilleurs,
Vont t'assiégeant en foule, ou dans la nuit secrète
Creusent maint piège infâme à ta marche distraite,
Pensif, tu regardes ailleurs!

Ou si parfois leurs cris montent jusqu'à ton âme,
Si ta colère, ouvrant ses deux ailes de flamme,
Veut foudroyer leur foule acharnée à ton nom,
Avant que le volcan n'ait trouvé son issue,
Avant que tu n'aies mis la main à ta massue,
Tu te prends à sourire et tu dis : A quoi bon?

Puis voilà que revient ta chère rêverie,
Famille, enfance, amour, Dieu, liberté, patrie;
La lyre à réveiller; la scène à rajeunir;
Napoléon, ce dieu dont tu seras le prêtre;
Les grands hommes, mépris du temps qui les voit naître,
Religion de l'avenir!

II

Allez donc! ennemis de son nom! foule vaine!
Autour de son génie épuisez votre haleine!
Recommencez toujours! ni trêve, ni remord.
Allez, recommencez, veillez, et sans relâche
Roulez votre rocher, refaites votre tâche,
Envieux! — Lui poète, il chante, il rêve, il dort.

Votre voix, qui s'aiguise et vibre comme un glaive,
N'est qu'une voix de plus dans le bruit qu'il soulève.
La gloire est un concert de mille échos épars,
Chœurs de démons, accords divins, chants angéliques,
Pareil au bruit que font dans les places publiques
Une multitude de chars.

Il ne vous connaît pas. — Il dit par intervalles
Qu'il faut aux jours d'été l'aigre cri des cigales,
L'épine à mainte fleur; que c'est le sort commun;
Que ce serait pitié d'écraser la cigale;
Que le trop bien est mal! que la rose au Bengale
Pour être sans épine est aussi sans parfum.

Et puis, qu'importe! amis, ennemis, tout s'écoule.
C'est au même tombeau que va toute la foule.
Rien ne touche un esprit que Dieu même a saisi.
Trônes, sceptres, lauriers, temples, chars de victoire,
On ferait à des rois des couronnes de gloire
De tout ce qu'il dédaigne ici!

Que lui font donc ces cris où votre voix s'enroue?
Que sert au flot amer d'écumer sur la proue?
Il ignore vos noms, il n'en a point souci,
Et quand, pour ébranler l'édifice qu'il fonde,
La sueur de vos fronts ruisselle et vous inonde,
Il ne sait même pas qui vous fatigue ainsi!

III

Puis, quand il le voudra, scribes, docteurs, poètes,
Il sait qu'il peut, d'un souffle, en vos bouches muettes
Éteindre vos clameurs,
Et qu'il emportera toutes vos voix ensemble
Comme le vent de mer emporte où bon lui semble
La chanson des rameurs!

En vain vos légions l'environnent sans nombre,
Il n'a qu'à se lever pour couvrir de son ombre
A la fois tous vos fronts;
Il n'a qu'à dire un mot pour couvrir vos voix grêles,
Comme un char en passant couvre le bruit des ailes
De mille moucherons!

Quand il veut, vos flambeaux, sublimes auréoles
Dont vous illuminez vos temples, vos idoles,
        Vos dieux, votre foyer,
Phares éblouissants, clartés universelles,
Pâlissent à l'éclat des moindres étincelles
        Du pied de son coursier!

26 avril 1830.

XII

In God is all.

Devise des Saltoun[1].

O toi[2] qui si longtemps vis luire à mon côté
Le jour égal et pur de la prospérité,
Toi qui, lorsque mon âme allait de doute en doute,
Et comme un voyageur te demandait sa route,
Endormis sur ton sein mes rêves ténébreux,
Et pour toute raison disais : Soyons heureux!
Hélas! ô mon amie, hélas! voici que l'ombre
Envahit notre ciel, et que la vie est sombre;
Voici que le malheur s'épanche lentement
Sur l'azur radieux de notre firmament;
Voici qu'à nos regards s'obscurcit et recule
Notre horizon, perdu dans un noir crépuscule;
Or, dans ce ciel, où va la nuit se propageant,
Comme un œil lumineux, vivant, intelligent,
Vois-tu briller là-bas cette profonde étoile?
Des mille vérités que le bonheur nous voile,
C'est une qui paraît! c'est la première encor
Qui nous ait éblouis de sa lumière d'or!
Notre ciel, que déjà la sombre nuit réclame,
N'a plus assez d'éclat pour cacher cette flamme,
Et du sud, du couchant, ou du septentrion,
Chaque ombre qui survient donne à l'astre un rayon.

Et plus viendra la nuit, et plus, à plis funèbres,
S'épaissiront sur nous son deuil et ses ténèbres,
Plus, dans ce ciel sublime, à nos yeux enchantés,
En foule apparaîtront de splendides clartés!
Plus nous verrons dans l'ombre, où leur loi les rassemble,
Toutes les vérités étinceler ensemble,
Et graviter autour d'un centre impérieux,
Et rompre et renouer leur chœur mystérieux!
Cette fatale nuit, que le malheur amène,
Fait voir plus clairement la destinée humaine,
Et montre à ses deux bouts, écrits en traits de feu,
Ces mots : Ame immortelle! éternité de Dieu!
Car tant que luit le jour, de son soleil de flamme
Il accable nos yeux, il aveugle notre âme,
Et nous nous reposons dans un doute serein
Sans savoir si le ciel est d'azur ou d'airain.
Mais la nuit rend aux cieux leurs étoiles, leurs gloires,
Candélabres que Dieu pend à leurs voûtes noires.
L'œil dans leurs profondeurs découvre à chaque pas
Mille mondes nouveaux qu'il ne soupçonnait pas,
Soleils plus flamboyants, plus chevelus dans l'ombre,
Qu'en l'abîme sans fin il voit luire sans nombre!

9 août 1829.

XIII

A M. Fontaney.

Quot libras in duce summo?

JUVÉNAL[1].

C'est une chose grande et que tout homme envie
D'avoir un lustre en soi qu'on répand sur sa vie,
D'être choisi d'un peuple à venger son affront,
De ne point faire un pas qui n'ait trace en l'histoire,
Ou de chanter les yeux au ciel, et que la gloire
Fasse avec un regard reluire votre front.

Il est beau de courir par la terre usurpée,
Disciplinant les rois du plat de son épée,
D'être Napoléon, l'empereur radieux;
D'être Dante, à son nom rendant les voix muettes.
Sans doute ils sont heureux les héros, les poètes,
Ceux que le bras fait rois, ceux que l'esprit fait dieux!

Il est beau, conquérant, législateur, prophète,
De marcher dépassant les hommes de la tête;

D'être en la nuit de tous un éclatant flambeau;
Et que de vos vingt ans vingt siècles se souviennent!..
— Voilà ce que je dis : puis des pitiés me viennent
Quand je pense à tous ceux qui sont dans le tombeau!

16 juillet 1829.

XIV

Oh primavera! gioventù dell'anno!
Oh gioventù! primavera della vita[1]*!*

O mes lettres d'amour, de vertu, de jeunesse,
C'est donc vous! Je m'enivre encore à votre ivresse;
Je vous lis à genoux.
Souffrez que pour un jour je reprenne votre âge!
Laissez-moi me cacher, moi, l'heureux et le sage,
Pour pleurer avec vous!

J'avais donc dix-huit ans! j'étais donc plein de songes!
L'espérance en chantant me berçait de mensonges.
Un astre m'avait lui!
J'étais un dieu pour toi qu'en mon cœur seul je nomme!
J'étais donc cet enfant, hélas! devant qui l'homme
Rougit presque aujourd'hui!

O temps de rêverie, et de force, et de grâce!
Attendre tous les soirs une robe qui passe!
Baiser un gant jeté!
Vouloir tout de la vie, amour, puissance et gloire!
Être pur, être fier, être sublime, et croire
A toute pureté!

A présent, j'ai senti, j'ai vu, je sais. — Qu'importe
Si moins d'illusions viennent ouvrir ma porte

Qui gémit en tournant!
Oh! que cet âge ardent, qui me semblait si sombre,
A côté du bonheur qui m'abrite à son ombre,
Rayonne maintenant!

Que vous ai-je donc fait, ô mes jeunes années,
Pour m'avoir fui si vite, et vous être éloignées,
Me croyant satisfait?
Hélas! pour revenir m'apparaître si belles,
Quand vous ne pouvez plus me prendre sur vos ailes,
Que vous ai-je donc fait?

Oh! quand ce doux passé, quand cet âge sans tache,
Avec sa robe blanche où notre amour s'attache,
Revient dans nos chemins,
On s'y suspend, et puis que de larmes amères
Sur les lambeaux flétris de vos jeunes chimères
Qui vous restent aux mains!

Oublions! oublions! Quand la jeunesse est morte,
Laissons-nous emporter par le vent qui l'emporte
A l'horizon obscur.
Rien ne reste de nous; notre œuvre est un problème.
L'homme, fantôme errant, passe sans laisser même
Son ombre sur le mur!

Mai 1830.

XV

Sinite parvulos venire ad me.

Jésus[1].

Laissez. — Tous ces enfants sont bien là[2]. — Qui vous
Que la bulle d'azur que mon souffle agrandit [dit
A leur souffle indiscret s'écroule?
Qui vous dit que leurs voix, leurs pas, leurs jeux, leurs
Effarouchent la muse et chassent les péris?... — [cris,
Venez, enfants, venez en foule!

Venez autour de moi. Riez, chantez, courez!
Votre œil me jettera quelques rayons dorés,
Votre voix charmera mes heures.
C'est la seule en ce monde où rien ne nous sourit
Qui vienne du dehors sans troubler dans l'esprit
Le chœur des voix intérieures!

Fâcheux! qui les vouliez écarter! — Croyez-vous
Que notre cœur n'est pas plus serein et plus doux
Au sortir de leurs jeunes rondes?
Croyez-vous que j'ai peur quand je vois au milieu
De mes rêves rougis ou de sang ou de feu
Passer toutes ces têtes blondes?

La vie est-elle donc si charmante à vos yeux
Qu'il faille préférer à tout ce bruit joyeux

Une maison vide et muette?
N'ôtez pas, la pitié même vous le défend,
Un rayon de soleil, un sourire d'enfant,
Au ciel sombre, au cœur du poète!

« — Mais ils s'effaceront à leurs bruyants ébats
Ces mots sacrés que dit une muse tout bas,
Ces chants purs où l'âme se noie?... » —
Eh! que m'importe à moi, muse, chants, vanité,
Votre gloire perdue et l'immortalité,
Si j'y gagne une heure de joie!

La belle ambition et le rare destin!
Chanter! toujours chanter pour un écho lointain,
Pour un vain bruit qui passe et tombe!
Vivre abreuvé de fiel, d'amertume et d'ennuis!
Expier dans ses jours les rêves de ses nuits!
Faire un avenir à sa tombe!

Oh! que j'aime bien mieux ma joie et mon plaisir,
Et toute ma famille avec tout mon loisir,
Dût la gloire ingrate et frivole,
Dussent mes vers, troublés de ces ris familiers,
S'enfuir, comme devant un essaim d'écoliers
Une troupe d'oiseaux s'envole!

Mais non. Au milieu d'eux rien ne s'évanouit.
L'orientale d'or plus riche épanouit
Ses fleurs peintes et ciselées;
La ballade est plus fraîche, et dans le ciel grondant
L'ode ne pousse pas d'un souffle moins ardent
Le groupe des strophes ailées!

Je les vois reverdir dans leurs jeux éclatants,
Mes hymnes parfumés comme un champ de printemps.
O vous, dont l'âme est épuisée,
O mes amis! l'enfance aux riantes couleurs
Donne la poésie à nos vers, comme aux fleurs
L'aurore donne la rosée!

Venez, enfants! — A vous jardins, cours, escaliers!
Ébranlez et planchers, et plafonds, et piliers!
Que le jour s'achève ou renaisse,
Courez et bourdonnez comme l'abeille aux champs!
Ma joie et mon bonheur et mon âme et mes chants
Iront où vous irez, jeunesse!

Il est pour les cœurs sourds aux vulgaires clameurs
D'harmonieuses voix, des accords, des rumeurs,
Qu'on n'entend que dans les retraites,
Notes d'un grand concert interrompu souvent,
Vents, flots, feuilles des bois, bruits dont l'âme en rêvant
Se fait des musiques secrètes!

Moi, quel que soit le monde et l'homme et l'avenir,
Soit qu'il faille oublier ou se ressouvenir,
Que Dieu m'afflige ou me console,
Je ne veux habiter la cité des vivants
Que dans une maison qu'une rumeur d'enfants
Fasse toujours vivante et folle.

De même, si jamais enfin je vous revois,
Beau pays dont la langue est faite pour ma voix,

Dont mes yeux aimaient les campagnes,
Bords où mes pas enfants suivaient Napoléon[1],
Fortes villes du Cid! ô Valence, ô Léon,
Castille, Aragon, mes Espagnes!

Je ne veux traverser vos plaines, vos cités,
Franchir vos ponts d'une arche entre deux monts jetés,
Voir vos palais romains ou maures,
Votre Guadalquivir qui serpente et s'enfuit,
Que dans ces chars dorés qu'emplissent de leur bruit
Les grelots des mules sonores.

11 mai 1830.

XVI

Where should I steer?
BYRON[1].

Quand le livre où s'endort chaque soir ma pensée,
Quand l'air de la maison, les soucis du foyer,
Quand le bourdonnement de la ville insensée
Où toujours on entend quelque chose crier,

Quand tous ces mille soins de misère ou de fête
Qui remplissent nos jours, cercle aride et borné,
Ont tenu trop longtemps, comme un joug sur ma tête,
Le regard de mon âme à la terre tourné;

Elle s'échappe enfin, va, marche, et dans la plaine
Prend le même sentier qu'elle prendra demain,
Qui l'égare au hasard et toujours la ramène,
Comme un coursier prudent qui connaît le chemin.

Elle court aux forêts, où dans l'ombre indécise
Flottent tant de rayons, de murmures, de voix,
Trouve la rêverie au premier arbre assise,
Et toutes deux s'en vont ensemble dans les bois!

27 juin 1830.

XVII

Flebile nescio quid.
OVIDE[1].

Oh! pourquoi te cacher? Tu pleurais seule ici.
Devant tes yeux rêveurs qui donc passait ainsi?
Quelle ombre flottait dans ton âme?
Était-ce long regret ou noir pressentiment,
Ou jeunes souvenirs dans le passé dormant,
Ou vague faiblesse de femme?

Voyais-tu fuir déjà l'amour et ses douceurs,
Ou les illusions, toutes ces jeunes sœurs
Qui le matin, devant nos portes,
Dans l'avenir sans borne ouvrant mille chemins,
Dansent, des fleurs au front et les mains dans les mains,
Et bien avant le soir sont mortes?

Ou bien te venait-il des tombeaux endormis
Quelque ombre douloureuse avec des traits amis,
Te rappelant le peu d'années,
Et demandant tout bas quand tu viendrais le soir
Prier devant ces croix de pierre ou de bois noir
Où pendent tant de fleurs fanées?

Mais non, ces visions ne te poursuivaient pas.
Il suffit pour pleurer de songer qu'ici-bas

Tout miel est amer, tout ciel sombre,
Que toute ambition trompe l'effort humain,
Que l'espoir est un leurre, et qu'il n'est pas de main
Qui garde l'onde ou prenne l'ombre!

Toujours ce qui là-bas vole au gré du zéphyr
Avec des ailes d'or, de pourpre et de saphir,
Nous fait courir et nous devance;
Mais adieu l'aile d'or, pourpre, émail, vermillon,
Quand l'enfant a saisi le frêle papillon,
Quand l'homme a pris son espérance!

Pleure. Les pleurs vont bien, même au bonheur; tes chants
Sont plus doux dans les pleurs; tes yeux purs et touchants
Sont plus beaux quand tu les essuies.
L'été, quand il a plu, le champ est plus vermeil,
Et le ciel fait briller plus frais au beau soleil
Son azur lavé par les pluies!

Pleure comme Rachel, pleure comme Sara[1].
On a toujours souffert ou bien on souffrira.
Malheur aux insensés qui rient!
Le Seigneur nous relève alors que nous tombons.
Car il préfère encor les malheureux aux bons,
Ceux qui pleurent à ceux qui prient!

Pleure afin de savoir! Les larmes sont un don.
Souvent les pleurs, après l'erreur et l'abandon,
Raniment nos forces brisées!
Souvent l'âme, sentant, au doute qui s'enfuit,
Qu'un jour intérieur se lève dans sa nuit,
Répand de ces douces rosées!

Pleure! mais, tu fais bien, cache-toi pour pleurer.
Aie un asile en toi. Pour t'en désaltérer,
Pour les savourer avec charmes,
Sous le riche dehors de ta prospérité,
Dans le fond de ton cœur, comme un fruit pour l'été,
Mets à part ton trésor de larmes!

Car la fleur, qui s'ouvrit avec l'aurore en pleurs,
Et qui fait à midi de ses belles couleurs
Admirer la splendeur timide,
Sous ses corolles d'or, loin des yeux importuns,
Au fond de ce calice où sont tous ses parfums,
Souvent cache une perle humide!

Juin 1830.

XVIII

Sed satis est jam posse mori.
LUCAIN[1].

Où donc est le bonheur? disais-je. — Infortuné!
Le bonheur, ô mon Dieu, vous me l'avez donné.

Naître, et ne pas savoir que l'enfance éphémère,
Ruisseau de lait qui fuit sans une goutte amère,
Est l'âge du bonheur, et le plus beau moment
Que l'homme, ombre qui passe, ait sous le firmament!

Plus tard, aimer, — garder dans son cœur de jeune homme
Un nom mystérieux que jamais on ne nomme,
Glisser un mot furtif dans une tendre main,
Aspirer aux douceurs d'un ineffable hymen,
Envier l'eau qui fuit, le nuage qui vole,
Sentir son cœur se fondre au son d'une parole,
Connaître un pas qu'on aime et que jaloux on suit,
Rêver le jour, brûler et se tordre la nuit,
Pleurer surtout cet âge où sommeillent les âmes,
Toujours souffrir; parmi tous les regards de femmes,
Tous les buissons d'avril, les feux du ciel vermeil,
Ne chercher qu'un regard, qu'une fleur, qu'un soleil!

Puis effeuiller en hâte et d'une main jalouse
Les boutons d'orangers sur le front de l'épouse;

Tout sentir, être heureux, et pourtant, insensé!
Se tourner presque en pleurs vers le malheur passé;
Voir aux feux de midi, sans espoir qu'il renaisse,
Se faner son printemps, son matin, sa jeunesse,
Perdre l'illusion, l'espérance, et sentir
Qu'on vieillit au fardeau croissant du repentir,
Effacer de son front des taches et des rides;
S'éprendre d'art, de vers, de voyages arides,
De cieux lointains, de mers où s'égarent nos pas;
Redemander cet âge où l'on ne dormait pas;
Se dire qu'on était bien malheureux, bien triste,
Bien fou, que maintenant on respire, on existe,
Et, plus vieux de dix ans, s'enfermer tout un jour
Pour relire avec pleurs quelques lettres d'amour!

Vieillir enfin, vieillir! comme des fleurs fanées
Voir blanchir nos cheveux et tomber nos années,
Rappeler notre enfance et nos beaux jours flétris,
Boire le reste amer de ces parfums aigris,
Être sage, et railler l'amant et le poète,
Et, lorsque nous touchons à la tombe muette,
Suivre en les rappelant d'un œil mouillé de pleurs
Nos enfants qui déjà sont tournés vers les leurs!

Ainsi l'homme, ô mon Dieu! marche toujours plus sombre
Du berceau qui rayonne au sépulcre plein d'ombre.
C'est donc avoir vécu! c'est donc avoir été!
Dans la joie et l'amour et la félicité
C'est avoir eu sa part! et se plaindre est folie.
Voilà de quel nectar la coupe était remplie!

Hélas! naître pour vivre en désirant la mort!
Grandir en regrettant l'enfance où le cœur dort,
Vieillir en regrettant la jeunesse ravie,
Mourir en regrettant la vieillesse et la vie!

Où donc est le bonheur, disais-je? — Infortuné!
Le bonheur, ô mon Dieu, vous me l'avez donné!

28 mai 1830.

XIX

Le toit s'égaie et rit.
ANDRÉ CHÉNIER[1].

Lorsque l'enfant paraît, le cercle de famille
Applaudit à grands cris. Son doux regard qui brille
Fait briller tous les yeux,
Et les plus tristes fronts, les plus souillés peut-être,
Se dérident soudain à voir l'enfant paraître,
Innocent et joyeux.

Soit que juin ait verdi mon seuil, ou que novembre
Fasse autour d'un grand feu vacillant dans la chambre
Les chaises se toucher,
Quand l'enfant vient, la joie arrive et nous éclaire.
On rit, on se récrie, on l'appelle, et sa mère
Tremble à le voir marcher.

Quelquefois nous parlons, en remuant la flamme,
De patrie et de Dieu, des poètes, de l'âme
Qui s'élève en priant;
L'enfant paraît, adieu le ciel et la patrie
Et les poètes saints! la grave causerie
S'arrête en souriant.

La nuit, quand l'homme dort, quand l'esprit rêve, à l'heure
Où l'on entend gémir, comme une voix qui pleure,

L'onde entre les roseaux,
Si l'aube tout à coup là-bas luit comme un phare,
Sa clarté dans les champs éveille une fanfare
De cloches et d'oiseaux!

Enfant, vous êtes l'aube et mon âme est la plaine
Qui des plus douces fleurs embaume son haleine
Quand vous la respirez;
Mon âme est la forêt dont les sombres ramures
S'emplissent pour vous seul de suaves murmures
Et de rayons dorés!

Car vos beaux yeux sont pleins de douceurs infinies,
Car vos petites mains, joyeuses et bénies,
N'ont point mal fait encor;
Jamais vos jeunes pas n'ont touché notre fange,
Tête sacrée! enfant aux cheveux blonds! bel ange
A l'auréole d'or!

Vous êtes parmi nous la colombe de l'arche.
Vos pieds tendres et purs n'ont point l'âge où l'on marche,
Vos ailes sont d'azur.
Sans le comprendre encor vous regardez le monde.
Double virginité! corps où rien n'est immonde,
Ame où rien n'est impur!

Il est si beau, l'enfant, avec son doux sourire,
Sa douce bonne foi, sa voix qui veut tout dire,
Ses pleurs vite apaisés,
Laissant errer sa vue étonnée et ravie,
Offrant de toutes parts sa jeune âme à la vie
Et sa bouche aux baisers!

Seigneur! préservez-moi, préservez ceux que j'aime,
Frères, parents, amis, et mes ennemis même
Dans le mal triomphants,
De jamais voir, Seigneur! l'été sans fleurs vermeilles,
La cage sans oiseaux, la ruche sans abeilles,
La maison sans enfants!

18 mai 1830.

XX

> Beau, frais, souriant d'aise à cette vie amère.
>
> SAINTE-BEUVE.

Dans l'alcôve sombre,
Près d'un humble autel,
L'enfant dort à l'ombre
Du lit maternel.
Tandis qu'il repose,
Sa paupière rose,
Pour la terre close,
S'ouvre pour le ciel.

Il fait bien des rêves.
Il voit par moments
Le sable des grèves
Plein de diamants;
Des soleils de flammes,
Et de belles dames
Qui portent des âmes
Dans leurs bras charmants.

Songe qui l'enchante!
Il voit des ruisseaux.
Une voix qui chante
Sort du fond des eaux.

Ses sœurs sont plus belles.
Son père est près d'elles.
Sa mère a des ailes
Comme les oiseaux.

Il voit mille choses
Plus belles encor;
Des lys et des roses
Plein le corridor;
Des lacs de délice
Où le poisson glisse,
Où l'onde se plisse
A des roseaux d'or!

Enfant, rêve encore!
Dors, ô mes amours!
Ta jeune âme ignore
Où s'en vont tes jours.
Comme une algue morte
Tu vas, que t'importe!
Le courant t'emporte,
Mais tu dors toujours!

Sans soin, sans étude,
Tu dors en chemin;
Et l'inquiétude,
A la froide main,
De son ongle aride
Sur ton front candide
Qui n'a point de ride,
N'écrit pas : Demain!

Il dort, innocence!
Les anges sereins
Qui savent d'avance
Le sort des humains,
Le voyant sans armes,
Sans peur, sans alarmes,
Baisent avec larmes
Ses petites mains.

Leurs lèvres effleurent
Ses lèvres de miel.
L'enfant voit qu'ils pleurent
Et dit : Gabriel!
Mais l'ange le touche,
Et, berçant sa couche,
Un doigt sur sa bouche,
Lève l'autre au ciel!

Cependant sa mère,
Prompte à le bercer,
Croit qu'une chimère
Le vient oppresser.
Fière, elle l'admire,
L'entend qui soupire,
Et le fait sourire
Avec un baiser.

10 novembre 1831.

XXI

Πᾶν μοι συναρμόζει, ὅ οισ εὐάρμοστόν ἐστι, ὦ κόσμε· οὐδέλ μοι πρόωρον, οὐδὲ ὄψιμσν, τὸ σοὶ εὔκαιρον· πᾶν καρπός, ὅ φέρ,υσιν αἱ σαὶ ὧραι, ὦ φύσις. ἐκ σοῦ παντα, ἐν σοὶ πάντα, εἰς σὲ πάντα.

MARC-AURÈLE[1].

Parfois, lorsque tout dort, je m'assieds plein de joie
Sous le dôme étoilé qui sur nos fronts flamboie;
J'écoute si d'en haut il tombe quelque bruit;
Et l'heure vainement me frappe de son aile
Quand je contemple, ému, cette fête éternelle
Que le ciel rayonnant donne au monde la nuit!

Souvent alors j'ai cru que ces soleils de flamme
Dans ce monde endormi n'échauffaient que mon âme;
Qu'à les comprendre seul j'étais prédestiné;
Que j'étais, moi, vaine ombre obscure et taciturne,
Le roi mystérieux de la pompe nocturne;
Que le ciel pour moi seul s'était illuminé!

Novembre 1829.

XXII

A UNE FEMME

C'est une âme charmante.

DIDEROT.

Enfant! si j'étais roi, je donnerais l'empire,
Et mon char, et mon sceptre, et mon peuple à genoux,
Et ma couronne d'or, et mes bains de porphyre,
Et mes flottes, à qui la mer ne peut suffire,
Pour un regard de vous!

Si j'étais Dieu, la terre et l'air avec les ondes,
Les anges, les démons courbés devant ma loi,
Et le profond chaos aux entrailles fécondes,
L'éternité, l'espace, et les cieux, et les mondes,
Pour un baiser de toi!

8 mai 1829.

XXIII

Quien no ama, no vive[1].

Oh! qui que vous soyez, jeune ou vieux, riche ou sage,
Si jamais vous n'avez épié le passage,
Le soir, d'un pas léger, d'un pas mélodieux,
D'un voile blanc qui glisse et fuit dans les ténèbres,
Et, comme un météore au sein des nuits funèbres,
Vous laisse dans le cœur un sillon radieux;

Si vous ne connaissez que pour l'entendre dire
Au poète amoureux qui chante et qui soupire,
Ce suprême bonheur qui fait nos jours dorés,
De posséder un cœur sans réserve et sans voiles,
De n'avoir pour flambeaux, de n'avoir pour étoiles,
De n'avoir pour soleils que deux yeux adorés;

Si vous n'avez jamais attendu, morne et sombre,
Sous les vitres d'un bal qui rayonne dans l'ombre,
L'heure où pour le départ les portes s'ouvriront,
Pour voir votre beauté, comme un éclair qui brille,
Rose avec des yeux bleus et toute jeune fille,
Passer dans la lumière avec des fleurs au front;

Si vous n'avez jamais senti la frénésie
De voir la main qu'on veut par d'autres mains choisie,

De voir le cœur aimé battre sur d'autres cœurs;
Si vous n'avez jamais vu d'un œil de colère
La valse impure, au vol lascif et circulaire,
Effeuiller en courant les femmes et les fleurs;

Si jamais vous n'avez descendu les collines,
Le cœur tout débordant d'émotions divines;
Si jamais vous n'avez le soir, sous les tilleuls,
Tandis qu'au ciel luisaient des étoiles sans nombre,
Aspiré, couple heureux, la volupté de l'ombre,
Cachés, et vous parlant tout bas, quoique tout seuls;

Si jamais une main n'a fait trembler la vôtre;
Si jamais ce seul mot qu'on dit l'un après l'autre,
JE T'AIME! n'a rempli votre âme tout un jour;
Si jamais vous n'avez pris en pitié les trônes
En songeant qu'on cherchait les sceptres, les couronnes,
Et la gloire, et l'empire, et qu'on avait l'amour!

La nuit, quand la veilleuse agonise dans l'urne,
Quand Paris, enfoui sous la brume nocturne
Avec la tour saxonne[1] et l'église des Goths[2],
Laisse sans les compter passer les heures noires
Qui, douze fois, semant les rêves illusoires,
S'envolent des clochers par groupes inégaux;

Si jamais vous n'avez, à l'heure où tout sommeille,
Tandis qu'elle dormait, oublieuse et vermeille,
Pleuré comme un enfant à force de souffrir,
Crié cent fois son nom du soir jusqu'à l'aurore,
Et cru qu'elle viendrait en l'appelant encore,
Et maudit votre mère, et désiré mourir;

Si jamais vous n'avez senti que d'une femme
Le regard dans votre âme allumait une autre âme,
Que vous étiez charmé, qu'un ciel s'était ouvert,
Et que pour cette enfant, qui de vos pleurs se joue,
Il vous serait bien doux d'expirer sur la roue; ...
Vous n'avez point aimé, vous n'avez point souffert!

Novembre 1831.

XXIV

Mens blanda in corpore blando[1].

Madame[2], autour de vous tant de grâce étincelle,
Votre chant est si pur, votre danse recèle
Un charme si vainqueur,
Un si touchant regard baigne votre prunelle,
Toute votre personne a quelque chose en elle
De si doux pour le cœur,

Que, lorsque vous venez, jeune astre qu'on admire,
Éclairer notre nuit d'un rayonnant sourire
Qui nous fait palpiter,
Comme l'oiseau des bois devant l'aube vermeille,
Une tendre pensée au fond des cœurs s'éveille
Et se met à chanter!

Vous ne l'entendez pas, vous l'ignorez, madame.
Car la chaste pudeur enveloppe votre âme
De ses voiles jaloux,
Et l'ange que le ciel commit à votre garde
N'a jamais à rougir quand, rêveur, il regarde
Ce qui se passe en vous.

22 avril 1831.

XXV

Amor, ch'a null' amato amar perdona,
Mi prese del costui piacer si forte
Che, come vedi, ancor non m'abbandona.

DANTE[1].

Contempler dans son bain sans voiles
Une fille aux yeux innocents;
Suivre de loin de blanches voiles;
Voir au ciel briller les étoiles
Et sous l'herbe les vers luisants;

Voir autour des mornes idoles
Des sultanes danser en rond;
D'un bal compter les girandoles[2];
La nuit, voir sur l'eau les gondoles
Fuir avec une étoile au front;

Regarder la lune sereine;
Dormir sous l'arbre du chemin;
Être le roi lorsque la reine,
Par son sceptre d'or souveraine,
L'est aussi par sa blanche main;

Ouïr sur les harpes jalouses
Se plaindre la romance en pleurs;
Errer, pensif, sur les pelouses,
Le soir, lorsque les andalouses
De leurs balcons jettent des fleurs;

Rêver, tandis que les rosées
Pleuvent d'un beau ciel espagnol,
Et que les notes embrasées
S'épanouissent en fusées
Dans la chanson du rossignol;

Ne plus se rappeler le nombre
De ses jours, songes oubliés;
Suivre fuyant dans la nuit sombre
Un Esprit qui traîne dans l'ombre
Deux sillons de flamme à ses pieds;

Des boutons d'or qu'avril étale
Dépouiller le riche gazon;
Voir, après l'absence fatale,
Enfin, de sa ville natale
Grandir la flèche à l'horizon;

Non, tout ce qu'a la destinée
De biens réels ou fabuleux
N'est rien pour mon âme enchaînée
Quand tu regardes inclinée
Mes yeux noirs avec tes yeux bleus!

12 septembre 1828.

XXVI

> O les tendres propos et les charmantes choses
> Que me disait Aline en la saison des roses!
> Doux zéphyrs qui passiez alors dans ces beaux lieux.
> N'en rapportiez-vous rien à l'oreille des dieux?
>
> SEGRAIS,

Vois, cette branche est rude, elle est noire, et la nue
Verse la pluie à flots sur son écorce nue;
Mais attends que l'hiver s'en aille, et tu vas voir
Une feuille percer ces nœuds si durs pour elle,
Et tu demanderas comment un bourgeon frêle
Peut, si tendre et si vert, jaillir de ce bois noir.

Demande alors pourquoi, ma jeune bien-aimée,
Quand sur mon âme, hélas! endurcie et fermée,
Ton souffle passe, après tant de maux expiés,
Pourquoi remonte et court ma sève évanouie,
Pourquoi mon âme en fleur et tout épanouie
Jette soudain des vers que j'effeuille à tes pieds!

C'est que tout a sa loi, le monde et la fortune;
C'est qu'une claire nuit succède aux nuits sans lune;

C'est que tout ici-bas a ses reflux constants;
C'est qu'il faut l'arbre au vent et la feuille au zéphire;
C'est qu'après le malheur m'est venu ton sourire;
C'est que c'était l'hiver et que c'est le printemps!

7 mai 1829.

XXVII

A MES AMIS L. B. ET S.-B.[1]

Here's a sigh to those who love me,
And a smile to those who hate;
And whatever sky's above me,
Here's a heart for every fate.

BYRON[2]

Amis! c'est donc Rouen, la ville aux vieilles rues,
Aux vieilles tours, débris des races disparues,
La ville aux cent clochers carillonnant dans l'air,
Le Rouen des châteaux, des hôtels, des bastilles,
Dont le front hérissé de flèches et d'aiguilles
Déchire incessamment les brumes de la mer;

C'est Rouen qui vous a! Rouen qui vous enlève!
Je ne m'en plaindrai pas. J'ai souvent fait ce rêve
D'aller voir Saint-Ouen à moitié démoli,
Et tout m'a retenu, la famille, l'étude,
Mille soins, et surtout la vague inquiétude
Qui fait que l'homme craint son désir accompli.

J'ai différé. La vie à différer se passe.
De projets en projets et d'espace en espace
Le fol esprit de l'homme en tout temps s'envola.
Un jour enfin, lassés du songe qui nous leurre,
Nous disons : « Il est temps. Exécutons! c'est l'heure. »
Alors nous retournons les yeux : — la mort est là!

Ainsi de mes projets. — Quand vous verrai-je, Espagne,
Et Venise et son golfe, et Rome et sa campagne,
Toi, Sicile, que ronge un volcan souterrain,
Grèce qu'on connaît trop, Sardaigne qu'on ignore,
Cités de l'aquilon, du couchant, de l'aurore,
Pyramides du Nil, cathédrales du Rhin!

Qui sait? Jamais peut-être. — Et quand m'abriterai-je
Près de la mer, ou bien sous un mont blanc de neige,
Dans quelque vieux donjon, tout plein d'un vieux héros,
Où le soleil, dorant les tourelles du faîte,
N'enverra sur mon front que des rayons de fête
Teints de pourpre et d'azur au prisme des vitraux?

Jamais non plus, sans doute. — En attendant, vaine [ombre,
Oublié dans l'espace et perdu dans le nombre,
Je vis. J'ai trois enfants en cercle à mon foyer;
Et lorsque la sagesse entr'ouvre un peu ma porte,
Elle me crie : Ami! sois content. Que t'importe
Cette tente d'un jour qu'il faut sitôt ployer!

Et puis, dans mon esprit, des choses que j'espère
Je me fais cent récits, comme à son fils un père.
Ce que je voudrais voir je le rêve si beau!
Je vois en moi des tours, des Romes, des Cordoues,
Qui jettent mille feux, muse, quand tu secoues
Sous leurs sombres piliers ton magique flambeau!

Ce sont des Alhambras, de hautes cathédrales,
Des Babels, dans la nue enfonçant leurs spirales,

De noirs Escurials, mystérieux séjour,
Des villes d'autrefois, peintes et dentelées,
Où chantent jour et nuit mille cloches ailées,
Joyeuses d'habiter dans des clochers à jour!

Et je rêve! Et jamais villes impériales
N'éclipseront ce rêve aux splendeurs idéales.
Gardons l'illusion; elle fuit assez tôt.
Chaque homme, dans son cœur, crée à sa fantaisie
Tout un monde enchanté d'art et de poésie.
C'est notre Chanaan que nous voyons d'en haut.

Restons où nous voyons. Pourquoi vouloir descendre,
Et toucher ce qu'on rêve, et marcher dans la cendre?
Que ferons-nous après? où descendre? où courir?
Plus de but à chercher! plus d'espoir qui séduise!
De la terre donnée à la terre promise
Nul retour! et Moïse a bien fait de mourir!

Restons loin des objets dont la vue est charmée.
L'arc-en-ciel est vapeur, le nuage est fumée.
L'idéal tombe en poudre au toucher du réel.
L'âme en songes de gloire ou d'amour se consume.
Comme un enfant qui souffle en un flocon d'écume,
Chaque homme enfle une bulle où se reflète un ciel!

Frêle bulle d'azur, au roseau suspendue,
Qui tremble au moindre choc et vacille éperdue!
Voilà tous nos projets, nos plaisirs, notre bruit!
Folle création qu'un zéphyr inquiète!
Sphère aux mille couleurs, d'une goutte d'eau faite!
Monde qu'un souffle crée et qu'un souffle détruit!

Rêver, c'est le bonheur; attendre, c'est la vie.
Courses! pays lointains! voyages! folle envie!
C'est assez d'accomplir le voyage éternel.
Tout chemine ici-bas vers un but de mystère.
— Où va l'esprit dans l'homme? Où va l'homme sur terre?
Seigneur! Seigneur! — Où va la terre dans le ciel?

Le saurons-nous jamais? — Qui percera vos voiles,
Noirs firmaments, semés de nuages d'étoiles?
Mer, qui peut dans ton lit descendre et regarder?
Où donc est la science? Où donc est l'origine?
Cherchez au fond des mers cette perle divine,
Et, l'océan connu, l'âme reste à sonder!

Que faire et que penser? — Nier, douter, ou croire?
Carrefour ténébreux! triple route! nuit noire!
Le plus sage s'assied sous l'arbre du chemin,
Disant tout bas : J'irai, Seigneur, où tu m'envoies.
Il espère, et, de loin, dans les trois sombres voies,
Il écoute, pensif, marcher le genre humain!

14 mai 1830.

XXVIII

A MES AMIS S.-B. ET L. B.

Buen viage!

GOYA[1].

Amis, mes deux amis, mon peintre, mon poète!
Vous me manquez toujours, et mon âme inquiète
Vous redemande ici.
Des deux amis, si chers à la lyre engourdie,
Pas un ne m'est resté. Je t'en veux, Normandie,
De me les prendre ainsi!

Ils emportent en eux toute ma poésie;
L'un, avec son doux luth de miel et d'ambroisie,
L'autre avec ses pinceaux.
Peinture et poésie où s'abreuvait ma muse,
Adieu votre onde! Adieu l'Alphée et l'Aréthuse
Dont je mêlais les eaux[2]!

Adieu surtout ces cœurs et ces âmes si hautes,
Dont toujours j'ai trouvé pour mes maux et mes fautes
Si tendre la pitié!
Adieu toute la joie à leur commerce unie!
Car tous deux, ô douceur! si divers de génie,
Ont la même amitié!

Je crois d'ici les voir, le poète et le peintre.
Ils s'en vont, raisonnant de l'ogive et du cintre[1]
Devant un vieux portail;
Ou, soudain, à loisir, changeant de fantaisie,
Poursuivent un œil noir dessous la jalousie,
A travers l'éventail.

Oh! de la jeune fille et du vieux monastère,
Toi, peins-nous la beauté, toi, dis-nous le mystère.
Charmez-nous tour à tour.
A travers le blanc voile et la muraille grise
Votre œil, ô mes amis, sait voir Dieu dans l'église,
Dans la femme l'amour!

Marchez, frères jumeaux, l'artiste avec l'apôtre!
L'un nous peint l'univers que nous explique l'autre;
Car, pour notre bonheur,
Chacun de vous sur terre a sa part qu'il réclame.
A toi, peintre, le monde! à toi, poète, l'âme!
A tous deux le Seigneur!

15 mai 1830.

XXIX

LA PENTE DE LA RÊVERIE

Obscuritate rerum verba sæpè obscurantur.

GERVASIUS TILBERIENSIS[1].

Amis, ne creusez pas vos chères rêveries;
Ne fouillez pas le sol de vos plaines fleuries;
Et quand s'offre à vos yeux un océan qui dort,
Nagez à la surface ou jouez sur le bord.
Car la pensée est sombre! Une pente insensible
Va du monde réel à la sphère invisible;
La spirale est profonde, et quand on y descend,
Sans cesse se prolonge et va s'élargissant,
Et pour avoir touché quelque énigme fatale,
De ce voyage obscur souvent on revient pâle!

L'autre jour, il venait de pleuvoir, car l'été,
Cette année, est de bise et de pluie attristé,
Et le beau mois de mai dont le rayon nous leurre,
Prend le masque d'avril qui sourit et qui pleure.
J'avais levé le store aux gothiques couleurs.
Je regardais au loin les arbres et les fleurs.
Le soleil se jouait sur la pelouse verte
Dans les gouttes de pluie, et ma fenêtre ouverte
Apportait du jardin à mon esprit heureux
Un bruit d'enfants joueurs et d'oiseaux amoureux.

Paris, les grands ormeaux, maison, dôme, chaumière,
Tout flottait à mes yeux dans la riche lumière
De cet astre de mai dont le rayon charmant
Au bout de tout brin d'herbe allume un diamant!
Je me laissais aller à ces trois harmonies,
Printemps, matin, enfance, en ma retraite unies;
La Seine, ainsi que moi, laissait son flot vermeil
Suivre nonchalamment sa pente, et le soleil
Faisait évaporer à la fois sur les grèves
L'eau du fleuve en brouillards et ma pensée en rêves!

Alors, dans mon esprit, je vis autour de moi
Mes amis, non confus, mais tels que je les voi
Quand ils viennent le soir, troupe grave et fidèle,
Vous avec vos pinceaux dont la pointe étincelle,
Vous, laissant échapper vos vers au vol ardent,
Et nous tous écoutant en cercle, ou regardant.
Ils étaient bien là tous, je voyais leurs visages,
Tous, même les absents qui font de longs voyages.
Puis tous ceux qui sont morts vinrent après ceux-ci,
Avec l'air qu'ils avaient quand ils vivaient aussi.
Quand j'eus, quelques instants, des yeux de ma pensée,
Contemplé leur famille à mon foyer pressée,
Je vis trembler leurs traits confus, et par degrés
Pâlir en s'effaçant leurs fronts décolorés,
Et tous, comme un ruisseau qui dans un lac s'écoule,
Se perdre autour de moi dans une immense foule.

Foule sans nom! chaos! des voix, des yeux, des pas.
Ceux qu'on n'a jamais vus, ceux qu'on ne connaît pas.

Tous les vivants! — cités bourdonnant aux oreilles
Plus qu'un bois d'Amérique ou des ruches d'abeilles,
Caravanes campant sur le désert en feu,
Matelots dispersés sur l'océan de Dieu,
Et, comme un pont hardi sur l'onde qui chavire,
Jetant d'un monde à l'autre un sillon de navire,
Ainsi que l'araignée entre deux chênes verts
Jette un fil argenté qui flotte dans les airs!

Les deux pôles! le monde entier! la mer, la terre,
Alpes aux fronts de neige, Etnas au noir cratère,
Tout à la fois, automne, été, printemps, hiver,
Les vallons descendant de la terre à la mer
Et s'y changeant en golfe, et des mers aux campagnes
Les caps épanouis en chaînes de montagnes,
Et les grands continents, brumeux, verts ou dorés,
Par les grands océans sans cesse dévorés,
Tout, comme un paysage en une chambre noire
Se réfléchit avec ses rivières de moire,
Ses passants, ses brouillards flottant comme un duvet,
Tout dans mon esprit sombre allait, marchait, vivait!
Alors, en attachant, toujours plus attentives,
Ma pensée et ma vue aux mille perspectives
Que le souffle du vent ou le pas des saisons
M'ouvrait à tous moments dans tous les horizons,
Je vis soudain surgir, parfois du sein des ondes,
A côté des cités vivantes des deux mondes,
D'autres villes aux fronts étranges, inouïs,
Sépulcres ruinés des temps évanouis,
Pleines d'entassements, de tours, de pyramides,
Baignant leurs pieds aux mers, leur tête aux cieux humides.

Quelques-unes sortaient de dessous des cités
Où les vivants encor bruissent agités,
Et des siècles passés jusqu'à l'âge où nous sommes
Je pus compter ainsi trois étages de Romes.
Et tandis qu'élevant leurs inquiètes voix,
Les cités des vivants résonnaient à la fois
Des murmures du peuple ou du pas des armées,
Ces villes du passé, muettes et fermées,
Sans fumée à leurs toits, sans rumeurs dans leurs seins,
Se taisaient, et semblaient des ruches sans essaims.
J'attendais. Un grand bruit se fit. Les races mortes
De ces villes en deuil vinrent ouvrir les portes,
Et je les vis marcher ainsi que les vivants,
Et jeter seulement plus de poussière aux vents.
Alors, tours, aqueducs, pyramides, colonnes,
Je vis l'intérieur des vieilles Babylones,
Les Carthages, les Tyrs, les Thèbes, les Sions,
D'où sans cesse sortaient des générations.

Ainsi j'embrassais tout : et la terre, et Cybèle;
La face antique auprès de la face nouvelle;
Le passé, le présent; les vivants et les morts;
Le genre humain complet comme au jour du remords.
Tout parlait à la fois, tout se faisait comprendre,
Le pélage d'Orphée et l'étrusque d'Évandre[1],
Les runes d'Irmensul[2], le sphinx égyptien,
La voix du nouveau monde aussi vieux que l'ancien.

Or, ce que je voyais, je doute que je puisse
Vous le peindre : c'était comme un grand édifice
Formé d'entassements de siècles et de lieux;
On n'en pouvait trouver les bords ni les milieux;

A toutes les hauteurs, nations, peuples, races,
Mille ouvriers humains, laissant partout leurs traces,
Travaillaient nuit et jour, montant, croisant leurs pas,
Parlant chacun leur langue et ne s'entendant pas;
Et moi je parcourais, cherchant qui me réponde,
De degrés en degrés cette Babel du monde.

La nuit avec la foule, en ce rêve hideux,
Venait, s'épaississant ensemble toutes deux,
Et, dans ces régions que nul regard ne sonde,
Plus l'homme était nombreux, plus l'ombre était profonde.
Tout devenait douteux et vague, seulement
Un souffle qui passait de moment en moment,
Comme pour me montrer l'immense fourmilière,
Ouvrait dans l'ombre au loin des vallons de lumière,
Ainsi qu'un coup de vent fait sur les flots troublés
Blanchir l'écume, ou creuse une onde dans les blés.

Bientôt autour de moi les ténèbres s'accrurent,
L'horizon se perdit, les formes disparurent,
Et l'homme avec la chose et l'être avec l'esprit
Flottèrent à mon souffle, et le frisson me prit.
J'étais seul. Tout fuyait. L'étendue était sombre.
Je voyais seulement au loin, à travers l'ombre,
Comme d'un océan les flots noirs et pressés,
Dans l'espace et le temps les nombres entassés!

Oh! cette double mer du temps et de l'espace
Où le navire humain toujours passe et repasse,
Je voulus la sonder, je voulus en toucher
Le sable, y regarder, y fouiller, y chercher,

Pour vous en rapporter quelque richesse étrange,
Et dire si son lit est de roche ou de fange.
Mon esprit plongea donc sous ce flot inconnu,
Au profond de l'abîme il nagea seul et nu,
Toujours de l'ineffable allant à l'invisible...
Soudain il s'en revint avec un cri terrible,
Ébloui, haletant, stupide, épouvanté,
Car il avait au fond trouvé l'éternité.

28 mai 1830.

XXX

SOUVENIR D'ENFANCE

A Joseph, Comte de S[1].

Cuncta supercilio.

HORACE[2].

Dans une grande fête, un jour, au Panthéon,
J'avais sept ans, je vis passer Napoléon.

Pour voir cette figure illustre et solennelle,
Je m'étais échappé de l'aile maternelle;
Car il tenait déjà mon esprit inquiet;
Mais ma mère aux doux yeux, qui souvent s'effrayait
En m'entendant parler guerre, assauts et bataille,
Craignait pour moi la foule, à cause de ma taille.

Et ce qui me frappa, dans ma sainte terreur,
Quand au front du cortège apparut l'empereur,
Tandis que les enfants demandaient à leurs mères
Si c'est là ce héros dont on fait cent chimères,
Ce ne fut pas de voir tout ce peuple à grand bruit
Le suivre comme on suit un phare dans la nuit,
Et se montrer de loin sur sa tête suprême
Ce chapeau tout usé plus beau qu'un diadème,
Ni, pressés sur ses pas, dix vassaux couronnés
Regarder en tremblant ses pieds éperonnés,

Ni ses vieux grenadiers, se faisant violence,
Des cris universels s'enivrer en silence;
Non, tandis qu'à genoux la ville tout en feu,
Joyeuse comme on est lorsqu'on n'a qu'un seul vœu,
Qu'on n'est qu'un même peuple et qu'ensemble on respire,
Chantait en chœur : VEILLONS AU SALUT DE L'EMPIRE[1] !

Ce qui me frappa, dis-je, et me resta gravé,
Même après que le cri sur sa route élevé
Se fut évanoui dans ma jeune mémoire,
Ce fut de voir, parmi ces fanfares de gloire,
Dans le bruit qu'il faisait, cet homme souverain
Passer, muet et grave, ainsi qu'un dieu d'airain!

Et le soir, curieux, je le dis à mon père,
Pendant qu'il défaisait son vêtement de guerre,
Et que je me jouais sur son dos indulgent
De l'épaulette d'or aux étoiles d'argent.

Mon père secoua la tête sans réponse.

Mais souvent une idée en notre esprit s'enfonce,
Ce qui nous a frappés nous revient par moments,
Et l'enfance naïve a ses étonnements.

Le lendemain, pour voir le soleil qui s'incline,
J'avais suivi mon père au haut de la colline
Qui domine Paris du côté du levant[2],
Et nous allions tous deux, lui pensant, moi rêvant.

Cet homme en mon esprit restait comme un prodige,
Et, parlant à mon père : « O mon père, lui dis-je,
Pourquoi notre empereur, cet envoyé de Dieu,
Lui qui fait tout mouvoir et qui met tout en feu,
A-t-il ce regard froid et cet air immobile? »
Mon père dans ses mains prit ma tête débile,
Et, me montrant au loin l'horizon spacieux :
— « Vois, mon fils! cette terre, immobile à tes yeux,
Plus que l'air, plus que l'onde et la flamme, est émue,
Car le germe de tout dans son ventre remue.
Dans ses flancs ténébreux, nuit et jour, en rampant,
Elle sent se plonger la racine, serpent
Qui s'abreuve aux ruisseaux des sèves toujours prêtes,
Et fouille et boit sans cesse avec ses mille têtes.
Mainte flamme y ruisselle, et tantôt lentement
Imbibe le cristal qui devient diamant,
Tantôt, dans quelque mine éblouissante et sombre,
Allume des monceaux d'escarboucles sans nombre,
Ou, s'échappant au jour, plus magnifique encor,
Au front du vieil Etna met une aigrette d'or.
Toujours l'intérieur de la terre travaille.
Son flanc universel incessamment tressaille.
Goutte à goutte, et sans bruit qui réponde à son bruit,
La source de tout fleuve y filtre dans la nuit.
Elle porte à la fois, sur sa face où nous sommes,
Les blés et les cités, les forêts et les hommes.
Vois, tout est vert au loin, tout rit, tout est vivant.
Elle livre le chêne et le brin d'herbe au vent.
Les fruits et les épis la couvrent à cette heure.
Eh bien! déjà, tandis que ton regard l'effleure,
Dans son sein, que n'épuise aucun enfantement,
Les futures moissons tremblent confusément!

« Ainsi travaille, enfant, l'âme active et féconde
Du poète qui crée et du soldat qui fonde.
Mais ils n'en font rien voir. De la flamme à pleins bords
Qui les brûle au dedans, rien ne luit au dehors.
Ainsi Napoléon, que l'éclat environne
Et qui fit tant de bruit en forgeant sa couronne,
Ce chef que tout célèbre et que pourtant tu vois
Immobile et muet, passer sur le pavois,
Quand le peuple l'étreint, sent en lui ses pensées,
Qui l'étreignent aussi, se mouvoir plus pressées.
Déjà peut-être en lui mille choses se font,
Et tout l'avenir germe en son cerveau profond.
Déjà dans sa pensée, immense et clairvoyante,
L'Europe ne fait plus qu'une France géante,
Berlin, Vienne, Madrid, Moscou, Londres, Milan,
Viennent rendre à Paris hommage une fois l'an,
Le Vatican n'est plus que le vassal du Louvre,
La terre à chaque instant sous les vieux trônes s'ouvre,
Et de tous leurs débris sort pour le genre humain
Un autre Charlemagne, un autre globe en main!
Et, dans le même esprit où ce grand dessein roule,
Les bataillons futurs déjà marchent en foule,
Le conscrit résigné, sous un avis fréquent,
Se dresse, le tambour résonne au front du camp,
D'ouvriers et d'outils Cherbourg couvre sa grève,
Le vaisseau colossal sur le chantier s'élève,
L'obusier rouge encor sort du fourneau qui bout,
Une marine flotte, une armée est debout!
Car la guerre toujours l'illumine et l'enflamme,
Et peut-être déjà, dans la nuit de cette âme,
Sous ce crâne, où le monde en silence est couvé,
D'un second Austerlitz le soleil s'est levé! »

Plus tard, une autre fois, je vis passer cet homme,
Plus grand dans son Paris que César dans sa Rome.
Des discours de mon père alors je me souvins.
On l'entourait encor d'honneurs presque divins,
Et je lui retrouvai, rêveur à son passage,
Et la même pensée et le même visage.
Il méditait toujours son projet surhumain.
Cent aigles l'escortaient en empereur romain.
Ses régiments marchaient, enseignes déployées;
Ses lourds canons, baissant leurs bouches essuyées,
Couraient, et, traversant la foule aux pas confus,
Avec un bruit d'airain sautaient sur leurs affûts.
Mais bientôt, au soleil, cette tête admirée
Disparut dans un flot de poussière dorée,
Il passa. Cependant son nom sur la cité
Bondissait, des canons aux cloches rejeté;
Son cortège emplissait de tumulte les rues,
Et, par mille clameurs de sa présence accrues,
Par mille cris de joie et d'amour furieux,
Le peuple saluait ce passant glorieux!

Novembre 1831.

XXXI

A MADAME MARIE M.[1]

Ave, Maria, gratia plena.

Oh! votre œil est timide et votre front est doux.
Mais quoique, par pudeur ou par pitié pour nous,
Vous teniez secrète votre âme,
Quand du souffle d'en haut votre cœur est touché,
Votre cœur, comme un feu sous la cendre caché,
Soudain étincelle et s'enflamme.

Élevez-la souvent cette voix qui se tait.
Quand vous vîntes au jour un rossignol chantait;
Un astre charmant vous vit naître.
Enfant, pour vous marquer du poétique sceau,
Vous eûtes au chevet de votre heureux berceau
Un dieu, votre père peut-être!

Deux vierges, Poésie et Musique, deux sœurs,
Vous font une pensée infinie en douceurs;
Votre génie a deux aurores,
Et votre esprit tantôt s'épanche en vers touchants,
Tantôt sur le clavier, qui frémit sous vos chants,
S'éparpille en notes sonores!

Oh! vous faites rêver le poète, le soir!
Souvent il songe à vous, lorsque le ciel est noir,
Quand minuit déroule ses voiles;
Car l'âme du poète, âme d'ombre et d'amour,
Est une fleur des nuits qui s'ouvre après le jour
Et s'épanouit aux étoiles!

9 décembre 1830. Minuit.

XXXII

POUR LES PAUVRES[1]

Qui donne au pauvre prête à Dieu.
V. H.

Dans vos fêtes d'hiver, riches, heureux du monde,
Quand le bal tournoyant de ses feux vous inonde,
Quand partout à l'entour de vos pas vous voyez
Briller et rayonner cristaux, miroirs, balustres,
Candélabres ardents, cercle étoilé des lustres,
Et la danse, et la joie au front des conviés;

Tandis qu'un timbre d'or sonnant dans vos demeures
Vous change en joyeux chant la voix grave des heures,
Oh! songez-vous parfois que, de faim dévoré,
Peut-être un indigent dans les carrefours sombres
S'arrête, et voit danser vos lumineuses ombres
Aux vitres du salon doré?

Songez-vous qu'il est là sous le givre et la neige,
Ce père sans travail que la famine assiège?
Et qu'il se dit tout bas : « Pour un seul que de biens!
A son large festin que d'amis se récrient!
Ce riche est bien heureux, ses enfants lui sourient!
Rien que dans leurs jouets que de pain pour les miens! »

Et puis à votre fête il compare en son âme
Son foyer où jamais ne rayonne une flamme,
Ses enfants affamés, et leur mère en lambeau,
Et, sur un peu de paille, étendue et muette,
L'aïeule, que l'hiver, hélas! a déjà faite
Assez froide pour le tombeau!

Car Dieu mit ces degrés aux fortunes humaines.
Les uns vont tout courbés sous le fardeau des peines;
Au banquet du bonheur bien peu sont conviés.
Tous n'y sont point assis également à l'aise.
Une loi, qui d'en bas semble injuste et mauvaise,
Dit aux uns : JOUISSEZ! aux autres : ENVIEZ!

Cette pensée est sombre, amère, inexorable,
Et fermente en silence au cœur du misérable.
Riches, heureux du jour, qu'endort la volupté,
Que ce ne soit pas lui qui des mains vous arrache
Tous ces biens superflus où son regard s'attache; —
Oh! que ce soit la charité!

L'ardente charité, que le pauvre idolâtre!
Mère de ceux pour qui la fortune est marâtre,
Qui relève et soutient ceux qu'on foule en passant,
Qui, lorsqu'il le faudra, se sacrifiant toute,
Comme le Dieu martyr dont elle suit la route,
Dira : « Buvez! mangez! c'est ma chair et mon sang. »

Que ce soit elle, oh! oui, riches! que ce soit elle
Qui, bijoux, diamants, rubans, hochets, dentelle,

Perles, saphirs, joyaux toujours faux, toujours vains,
Pour nourrir l'indigent et pour sauver vos âmes,
Des bras de vos enfants et du sein de vos femmes
Arrache tout à pleines mains!

Donnez, riches! L'aumône est sœur de la prière.
Hélas! quand un vieillard, sur votre seuil de pierre,
Tout roidi par l'hiver, en vain tombe à genoux;
Quand les petits enfants, les mains de froid rougies,
Ramassent sous vos pieds les miettes des orgies,
La face du Seigneur se détourne de vous.

Donnez! afin que Dieu, qui dote les familles,
Donne à vos fils la force, et la grâce à vos filles;
Afin que votre vigne ait toujours un doux fruit;
Afin qu'un blé plus mûr fasse plier vos granges;
Afin d'être meilleurs; afin de voir les anges
Passer dans vos rêves la nuit!

Donnez! il vient un jour où la terre nous laisse.
Vos aumônes là-haut vous font une richesse.
Donnez! afin qu'on dise : « Il a pitié de nous! »
Afin que l'indigent que glacent les tempêtes,
Que le pauvre qui souffre à côté de vos fêtes,
Au seuil de vos palais fixe un œil moins jaloux.

Donnez! pour être aimés du Dieu qui se fit homme,
Pour que le méchant même en s'inclinant vous nomme,

Pour que votre foyer soit calme et fraternel;
Donnez! afin qu'un jour à votre heure dernière,
Contre tous vos péchés vous ayez la prière
D'un mendiant puissant au ciel!

22 janvier 1830.

XXXIII

A ***, TRAPPISTE A LA MEILLERAYE[1]

'Tis vain to struggle — let me perish young —
Live as I have lived; and love as I have loved;
To dust if I return, from dust I sprung,
And then, at least, my heart can ne'er be moved.

BYRON[2].

Mon frère, la tempête a donc été bien forte,
Le vent impétueux qui souffle et nous emporte
De récif en récif
A donc, quand vous partiez, d'une aile bien profonde
Creusé le vaste abîme et bouleversé l'onde
Autour de votre esquif,

Que tour à tour, en hâte, et de peur du naufrage,
Pour alléger la nef en butte au sombre orage,
En proie au flot amer,
Il a fallu, plaisirs, liberté, fantaisie,
Famille, amour, trésors, jusqu'à la poésie,
Tout jeter à la mer!

Et qu'enfin, seul et nu, vous voguez solitaire,
Allant où va le flot, sans jamais prendre terre,

Calme, vivant de peu,
Ayant dans votre esquif, qui des nôtres s'isole,
Deux choses seulement, la voile et la boussole,
Votre âme et votre Dieu!

20 mai 1830.

XXXIV

BIÈVRE

A Mademoiselle Louise B[1].

Un horizon fait à souhait pour le plaisir des yeux.

FÉNELON[2].

I

Oui, c'est bien le vallon! le vallon calme et sombre!
Ici l'été plus frais s'épanouit à l'ombre.
Ici durent longtemps les fleurs qui durent peu.
Ici l'âme contemple, écoute, adore, aspire,
Et prend pitié du monde, étroit et fol empire
Où l'homme tous les jours fait moins de place à Dieu!

Une rivière au fond; des bois sur les deux pentes.
Là, des ormeaux, brodés de cent vignes grimpantes;
Des prés, où le faucheur brunit son bras nerveux;
Là, des saules pensifs qui pleurent sur la rive,
Et, comme une baigneuse indolente et naïve,
Laissent tremper dans l'eau le bout de leurs cheveux.

Là-bas, un gué bruyant dans des eaux poissonneuses
Qui montrent aux passants les jambes des faneuses;

Des carrés de blé d'or; des étangs au flot clair;
Dans l'ombre, un mur de craie et des toits noirs de suie;
Les ocres des ravins, déchirés par la pluie;
Et l'aqueduc au loin qui semble un pont de l'air.

Et, pour couronnement à ces collines vertes,
Les profondeurs du ciel toutes grandes ouvertes,
Le ciel, bleu pavillon par Dieu même construit,
Qui, le jour, emplissant de plis d'azur l'espace,
Semble un dais suspendu sur le soleil qui passe,
Et dont on ne peut voir les clous d'or que la nuit!

Oui, c'est un de ces lieux où notre cœur sent vivre
Quelque chose des cieux qui flotte et qui l'enivre;
Un de ces lieux qu'enfant j'aimais et je rêvais,
Dont la beauté sereine, inépuisable, intime,
Verse à l'âme un oubli sérieux et sublime
De tout ce que la terre et l'homme ont de mauvais!

II

Si dès l'aube on suit les lisières
Du bois, abri des jeunes faons,
Par l'âpre chemin dont les pierres
Offensent les mains des enfants,
A l'heure où le soleil s'élève,
Où l'arbre sent monter la sève,
La vallée est comme un beau rêve.

La brume écarte son rideau.
Partout la nature s'éveille;
La fleur s'ouvre, rose et vermeille;
La brise y suspend une abeille,
La rosée une goutte d'eau!

Et dans ce charmant paysage
Où l'esprit flotte, où l'œil s'enfuit,
Le buisson, l'oiseau de passage,
L'herbe qui tremble et qui reluit,
Le vieil arbre que l'âge ploie,
Le donjon qu'un moulin coudoie,
Le ruisseau de moire et de soie,
Le champ où dorment les aïeux,
Ce qu'on voit pleurer ou sourire,
Ce qui chante et ce qui soupire,
Ce qui parle et ce qui respire,
Tout fait un bruit harmonieux!

III

Et si le soir, après mille errantes pensées,
De sentiers en sentiers en marchant dispersées,
Du haut de la colline on descend vers ce toit
Qui vous a tout le jour, dans votre rêverie,
Fait regarder en bas, au fond de la prairie,
Comme une belle fleur qu'on voit;

Et si vous êtes là, vous dont la main de flamme
Fait parler au clavier la langue de votre âme;

Si c'est un des moments, doux et mystérieux,
Où la musique, esprit d'extase et de délire
Dont les ailes de feu font le bruit d'une lyre,
Réverbère en vos chants la splendeur de vos yeux;

Si les petits enfants, qui vous cherchent sans cesse,
Mêlent leur joyeux rire au chant qui vous oppresse;
Si votre noble père à leurs jeux turbulents
Sourit, en écoutant votre hymne commencée,
Lui, le sage et l'heureux, dont la jeune pensée
Se couronne de cheveux blancs;

Alors, à cette voix qui remue et pénètre,
Sous ce ciel étoilé qui luit à la fenêtre,
On croit à la famille, au repos, au bonheur;
Le cœur se fond en joie, en amour, en prière;
On sent venir des pleurs au bord de sa paupière;
On lève au ciel les mains en s'écriant : Seigneur!

IV

Et l'on ne songe plus, tant notre âme saisie
Se perd dans la nature et dans la poésie,
Que tout près, par les bois et les ravins caché,
Derrière le ruban de ces collines bleues,
A quatre de ces pas que nous nommons des lieues,
Le géant Paris est couché!

On ne s'informe plus si la ville fatale,
Du monde en fusion ardente capitale,

Ouvre et ferme à tel jour ses cratères fumants;
Et de quel air les rois, à l'instant où nous sommes,
Regardent bouillonner dans ce Vésuve d'hommes
La lave des événements!

8 juillet 1831.

XXXV

SOLEILS COUCHANTS

Merveilleux tableaux que la vue découvre à la pensée.

CH. NODIER.

I

J'aime les soirs sereins et beaux, j'aime les soirs,
Soit qu'ils dorent le front des antiques manoirs
Ensevelis dans les feuillages;
Soit que la brume au loin s'allonge en bancs de feu;
Soit que mille rayons brisent dans un ciel bleu
A des archipels de nuages.

Oh! regardez le ciel! cent nuages mouvants,
Amoncelés là-haut sous le souffle des vents,
Groupent leurs formes inconnues;
Sous leurs flots par moments flamboie un pâle éclair,
Comme si tout à coup quelque géant de l'air
Tirait son glaive dans les nues.

Le soleil, à travers leurs ombres, brille encor;
Tantôt fait, à l'égal des larges dômes d'or,
Luire le toit d'une chaumière;
Ou dispute aux brouillards les vagues horizons;
Ou découpe, en tombant sur les sombres gazons,
Comme de grands lacs de lumière.

Puis voilà qu'on croit voir, dans le ciel balayé,
Pendre un grand crocodile au dos large et rayé,
Aux trois rangs de dents acérées;
Sous son ventre plombé glisse un rayon du soir;
Cent nuages ardents luisent sous son flanc noir
Comme des écailles dorées.

Puis se dresse un palais; puis l'air tremble, et tout fuit.
L'édifice effrayant des nuages détruit
S'écroule en ruines pressées;
Il jonche au loin le ciel, et ses cônes vermeils
Pendent, la pointe en bas, sur nos têtes, pareils
A des montagnes renversées.

Ces nuages de plomb, d'or, de cuivre, de fer,
Où l'ouragan, la trombe, et la foudre, et l'enfer
Dorment avec de sourds murmures,
C'est Dieu qui les suspend en foule aux cieux profonds,
Comme un guerrier qui pend aux poutres des plafonds
Ses retentissantes armures!

Tout s'en va! Le soleil, d'en haut précipité,
Comme un globe d'airain qui, rouge, est rejeté
Dans les fournaises remuées,
En tombant sur leurs flots que son choc désunit,
Fait en flocons de feu jaillir jusqu'au zénith
L'ardente écume des nuées!

Oh! contemplez le ciel! et dès qu'a fui le jour,
En tout temps, en tout lieu, d'un ineffable amour,

Regardez à travers ses voiles;
Un mystère est au fond de leur grave beauté,
L'hiver, quand ils sont noirs comme un linceul, l'été,
Quand la nuit les brode d'étoiles.

Novembre 1828.

II

Le jour s'enfuit des cieux; sous leur transparent voile
De moments en moments se hasarde une étoile;
La nuit, pas à pas, monte au trône obscur des soirs;
Un coin du ciel est brun, l'autre lutte avec l'ombre,
Et déjà, succédant au couchant rouge et sombre,
Le crépuscule gris meurt sur les coteaux noirs.

Et là-bas, allumant ses vitres étoilées,
Avec sa cathédrale aux flèches dentelées,
Les tours de son palais, les tours de sa prison,
Avec ses hauts clochers, sa bastille obscurcie,
Posée au bord du ciel comme une longue scie,
La ville aux mille toits découpe l'horizon.

Oh! qui m'emportera sur quelque tour sublime
D'où la cité sous moi s'ouvre comme un abîme!
Que j'entende, écoutant la ville où nous rampons,
Mourir sa vaste voix, qui semble un cri de veuve,
Et qui, le jour, gémit plus haut que le grand fleuve,
Le grand fleuve irrité, luttant contre les ponts!

Que je voie, à mes yeux en fuyant apparues,
Les étoiles des chars se croiser dans les rues,
Et serpenter le peuple en l'étroit carrefour,
Et tarir la fumée au bout des cheminées,
Et, glissant sur le front des maisons blasonnées,
Cent clartés naître, luire et passer tour à tour!

Que la vieille cité, devant moi, sur sa couche
S'étende, qu'un soupir s'échappe de sa bouche,
Comme si de fatigue on l'entendait gémir!
Que, veillant seul, debout sur son front que je foule,
Avec mille bruits sourds d'océan et de foule,
Je regarde à mes pieds la géante dormir!

23 juillet 1828.

III

Plus loin! allons plus loin! — Aux feux du couchant sombre,
J'aime à voir dans les champs croître et marcher mon ombre.
Et puis, la ville est là! je l'entends, je la voi.
Pour que j'écoute en paix ce que dit ma pensée,
        Ce Paris, à la voix cassée,
        Bourdonne encor trop près de moi.

Je veux fuir assez loin pour qu'un buisson me cache
Ce brouillard, que son front porte comme un panache,

Ce nuage éternel sur ses tours arrêté;
Pour que du moucheron, qui bruit et qui passe,
L'humble et grêle murmure efface
La grande voix de la cité!

26 août 1828.

IV

Oh! sur des ailes dans les nues
Laissez-moi fuir! laissez-moi fuir!
Loin des régions inconnues
C'est assez rêver et languir!
Laissez-moi fuir vers d'autres mondes.
C'est assez, dans les nuits profondes,
Suivre un phare, chercher un mot.
C'est assez de songe et de doute.
Cette voix que d'en bas j'écoute,
Peut-être on l'entend mieux là-haut.

Allons! des ailes ou des voiles!
Allons! un vaisseau tout armé!
Je veux voir les autres étoiles
Et la croix du sud enflammé.
Peut-être dans cette autre terre
Trouve-t-on la clef du mystère
Caché sous l'ordre universel;
Et peut-être aux fils de la lyre
Est-il plus facile de lire
Dans cette autre page du ciel!

Août 1828.

V

Quelquefois, sous les plis des nuages trompeurs,
Loin dans l'air, à travers les brèches des vapeurs
Par le vent du soir remuées,
Derrière les derniers brouillards, plus loin encor,
Apparaissent soudain les mille étages d'or
D'un édifice de nuées!

Et l'œil épouvanté, par delà tous nos cieux,
Sur une île de l'air au vol audacieux,
Dans l'éther libre aventurée,
L'œil croit voir jusqu'au ciel monter, monter toujours,
Avec ses escaliers, ses ponts, ses grandes tours,
Quelque Babel démesurée!

Septembre 1828.

VI

Le soleil s'est couché ce soir dans les nuées.
Demain viendra l'orage, et le soir, et la nuit;
Puis l'aube, et ses clartés de vapeurs obstruées;
Puis les nuits, puis les jours, pas du temps qui s'enfuit!

Tous ces jours passeront; ils passeront en foule
Sur la face des mers, sur la face des monts,
Sur les fleuves d'argent, sur les forêts où roule
Comme un hymne confus des morts que nous aimons.

Et la face des eaux, et le front des montagnes,
Ridés et non vieillis, et les bois toujours verts
S'iront rajeunissant; le fleuve des campagnes
Prendra sans cesse aux monts le flot qu'il donne aux mers.

Mais moi, sous chaque jour courbant plus bas ma tête,
Je passe, et, refroidi sous ce soleil joyeux,
Je m'en irai bientôt, au milieu de la fête,
Sans que rien manque au monde, immense et radieux!

22 avril 1829.

XXXVI

Oh! talk not to me of a name great in story;
The days of our youth are the days of our glory;
And the myrtle and ivy of sweet two-and-twenty
Are worth all your laurels, though ever so plenty.

BYRON[1].

Un jour vient où soudain l'artiste généreux
A leur poids sur son front sent les ans plus nombreux.
Un matin il s'éveille avec cette pensée :
— Jeunesse aux jours dorés, je t'ai donc dépensée!
Oh! qu'il m'en reste peu! Je vois le fond du sort,
Comme un prodigue en pleurs le fond du coffre-fort. —

Il sent, sous le soleil qui plus ardent s'épanche,
Comme à midi les fleurs, sa tête qui se penche;
Si d'aventure il trouve, en suivant son destin,
Le gazon sous ses pas mouillé comme au matin,
Il dit, car il sait bien que son aube est passée :
— C'est de la pluie, hélas! et non de la rosée! —

C'en est fait. Son génie est plus mûr désormais.
Son aile atteint peut-être à de plus fiers sommets;
La fumée est plus rare au foyer qu'il allume;
Son astre haut monté soulève moins de brume;
Son coursier applaudi parcourt mieux le champ clos;
Mais il n'a plus en lui, pour l'épandre à grands flots
Sur des œuvres, de grâce et d'amour couronnées,
Le frais enchantement de ses jeunes années!

Oh! rien ne rend cela! — Quand il s'en va cherchant
Ces pensers de hasard que l'on trouve en marchant,
Et qui font que le soir l'artiste chez son hôte
Rentre le cœur plus fier et la tête plus haute,
Quand il sort pour rêver, et qu'il erre incertain,
Soit dans les prés lustrés, au gazon de satin,
Soit dans un bois qu'emplit cette chanson sonore
Que le petit oiseau chante à la jeune aurore,
Soit dans le carrefour bruyant et fréquenté,
— Car Paris et la foule ont aussi leur beauté,
Et les passants ne sont, le soir, sur les quais sombres,
Qu'un flux et qu'un reflux de lumières et d'ombres; —
Toujours, au fond de tout, toujours dans son esprit,
Même quand l'art le tient, l'enivre et lui sourit,
Même dans ses chansons, même dans ses pensées
Les plus joyeusement écloses et bercées,
Il retrouve, attristé, le regret morne et froid
Du passé disparu, du passé, quel qu'il soit!

Novembre 1831.

XXXVII

LA PRIÈRE POUR TOUS

Ora pro nobis!

I

Ma fille! va prier. — Vois, la nuit est venue.
Une planète d'or là-bas perce la nue;
La brume des coteaux fait trembler le contour;
A peine un char lointain glisse dans l'ombre... Écoute!
Tout rentre et se repose; et l'arbre de la route
Secoue au vent du soir la poussière du jour!

Le crépuscule, ouvrant la nuit qui les recèle,
Fait jaillir chaque étoile en ardente étincelle;
L'occident amincit sa frange de carmin;
La nuit de l'eau dans l'ombre argente la surface;
Sillons, sentiers, buissons, tout se mêle et s'efface;
Le passant inquiet doute de son chemin.

Le jour est pour le mal, la fatigue et la haine.
Prions : voici la nuit! la nuit grave et sereine!
Le vieux pâtre, le vent aux brèches de la tour,
Les étangs, les troupeaux avec leur voix cassée,
Tout souffre et tout se plaint. La nature lassée
A besoin de sommeil, de prière et d'amour!

C'est l'heure où les enfants parlent avec les anges.
Tandis que nous courons à nos plaisirs étranges,
Tous les petits enfants, les yeux levés au ciel,
Mains jointes et pieds nus, à genoux sur la pierre,
Disant à la même heure une même prière,
Demandent pour nous grâce au père universel!

Et puis ils dormiront. — Alors, épars dans l'ombre,
Les rêves d'or, essaim tumultueux, sans nombre,
Qui naît aux derniers bruits du jour à son déclin,
Voyant de loin leur souffle et leurs bouches vermeilles,
Comme volent aux fleurs de joyeuses abeilles,
Viendront s'abattre en foule à leurs rideaux de lin!

O sommeil du berceau! prière de l'enfance!
Voix qui toujours caresse et qui jamais n'offense!
Douce religion, qui s'égaye et qui rit!
Prélude du concert de la nuit solennelle!
Ainsi que l'oiseau met sa tête sous son aile,
L'enfant dans la prière endort son jeune esprit!

II

Ma fille, va prier! — D'abord, surtout, pour celle
Qui berça tant de nuits ta couche qui chancelle,
Pour celle qui te prit jeune âme dans le ciel,
Et qui te mit au monde, et depuis, tendre mère,
Faisant pour toi deux parts dans cette vie amère,
Toujours a bu l'absinthe et t'a laissé le miel!

Puis ensuite pour moi! j'en ai plus besoin qu'elle!
Elle est, ainsi que toi, bonne, simple et fidèle!
Elle a le cœur limpide et le front satisfait.
Beaucoup ont sa pitié, nul ne lui fait envie;
Sage et douce, elle prend patiemment la vie;
Elle souffre le mal sans savoir qui le fait.

Tout en cueillant des fleurs, jamais sa main novice
N'a touché seulement à l'écorce du vice,
Nul piège ne l'attire à son riant tableau;
Elle est pleine d'oubli pour les choses passées;
Elle ne connaît pas les mauvaises pensées
Qui passent dans l'esprit comme une ombre sur l'eau.

Elle ignore — à jamais ignore-les comme elle! —
Ces misères du monde où notre âme se mêle,
Faux plaisirs, vanités, remords, soucis rongeurs,
Passions sur le cœur flottant comme une écume,
Intimes souvenirs de honte et d'amertume
Qui font monter au front de subites rougeurs!

Moi, je sais mieux la vie; et je pourrai te dire,
Quand tu seras plus grande et qu'il faudra t'instruire,
Que poursuivre l'empire et la fortune et l'art,
C'est folie et néant; que l'urne aléatoire
Nous jette bien souvent la honte pour la gloire,
Et que l'on perd son âme à ce jeu de hasard!

L'âme en vivant s'altère, et, quoique en toute chose
La fin soit transparente et laisse voir la cause,

On vieillit sous le vice et l'erreur abattu;
A force de marcher l'homme erre, l'esprit doute.
Tous laissent quelque chose aux buissons de la route,
Les troupeaux leur toison, et l'homme sa vertu!

Va donc prier pour moi! — Dis pour toute prière :
— Seigneur, Seigneur mon Dieu, vous êtes notre père,
Grâce, vous êtes bon! grâce, vous êtes grand! —
Laisse aller ta parole où ton âme l'envoie;
Ne t'inquiète pas, toute chose a sa voie,
Ne t'inquiète pas du chemin qu'elle prend!

Il n'est rien ici-bas qui ne trouve sa pente.
Le fleuve jusqu'aux mers dans les plaines serpente;
L'abeille sait la fleur qui recèle le miel.
Toute aile vers son but incessamment retombe,
L'aigle vole au soleil, le vautour à la tombe,
L'hirondelle au printemps, et la prière au ciel!

Lorsque pour moi vers Dieu ta voix s'est envolée,
Je suis comme l'esclave, assis dans la vallée,
Qui dépose sa charge aux bornes du chemin;
Je me sens plus léger; car ce fardeau de peine,
De fautes et d'erreurs qu'en gémissant je traîne,
Ta prière en chantant l'emporte dans sa main!

Va prier pour ton père! — Afin que je sois digne
De voir passer en rêve un ange au vol de cygne,
Pour que mon âme brûle avec les encensoirs!
Efface mes péchés sous ton souffle candide,
Afin que mon cœur soit innocent et splendide
Comme un pavé d'autel qu'on lave tous les soirs!

III

Prie encor pour tous ceux qui passent
Sur cette terre des vivants!
Pour ceux dont les sentiers s'effacent
A tous les flots, à tous les vents!
Pour l'insensé qui met sa joie
Dans l'éclat d'un manteau de soie,
Dans la vitesse d'un cheval!
Pour quiconque souffre et travaille,
Qu'il s'en revienne ou qu'il s'en aille,
Qu'il fasse le bien ou le mal!

Pour celui que le plaisir souille
D'embrassements jusqu'au matin,
Qui prend l'heure où l'on s'agenouille
Pour sa danse et pour son festin,
Qui fait hurler l'orgie infâme
Au même instant du soir où l'âme
Répète son hymne assidu,
Et, quand la prière est éteinte,
Poursuit, comme s'il avait crainte
Que Dieu ne l'ait pas entendu!

Enfant! pour les vierges voilées!
Pour le prisonnier dans sa tour!
Pour les femmes échevelées
Qui vendent le doux nom d'amour!
Pour l'esprit qui rêve et médite!
Pour l'impie à la voix maudite

Qui blasphème la sainte loi! —
Car la prière est infinie!
Car tu crois pour celui qui nie!
Car l'enfance tient lieu de foi!

Prie aussi pour ceux que recouvre
La pierre du tombeau dormant,
Noir précipice qui s'entr'ouvre
Sous notre foule à tout moment!
Toutes ces âmes en disgrâce
Ont besoin qu'on les débarrasse
De la vieille rouille du corps.
Souffrent-elles moins pour se taire?
Enfant! regardons sous la terre!
Il faut avoir pitié des morts!

IV

A genoux, à genoux, à genoux sur la terre
Où ton père a son père, où ta mère a sa mère,
Où tout ce qui vécut dort d'un sommeil profond!
Abîme où la poussière est mêlée aux poussières,
Où sous son père encore on retrouve des pères,
Comme l'onde sous l'onde en une mer sans fond!

Enfant! quand tu t'endors, tu ris! L'essaim des songes
Tourbillonne, joyeux, dans l'ombre où tu te plonges,
S'effarouche à ton souffle, et puis revient encor;
Et tu rouvres enfin tes yeux divins que j'aime,
En même temps que l'aube, œil céleste elle-même,
Entr'ouvre à l'horizon sa paupière aux cils d'or!

Mais eux, si tu savais de quel sommeil ils dorment!
Leurs lits sont froids et lourds à leurs os qu'ils déforment.
Les anges autour d'eux ne chantent pas en chœur.
De tout ce qu'ils ont fait le rêve les accable.
Pas d'aube pour leur nuit; le remords implacable
S'est fait ver du sépulcre et leur ronge le cœur.

Tu peux avec un mot, tu peux d'une parole
Faire que le remords prenne une aile et s'envole!
Qu'une douce chaleur réjouisse leurs os!
Qu'un rayon touche encor leur paupière ravie,
Et qu'il leur vienne un bruit de lumière et de vie,
Quelque chose des vents, des forêts et des eaux!

Oh! dis-moi, quand tu vas, jeune et déjà pensive,
Errer au bord d'un flot qui se plaint sur sa rive,
Sous des arbres dont l'ombre emplit l'âme d'effroi,
Parfois, dans les soupirs de l'onde et de la brise,
N'entends-tu pas de souffle et de voix qui te dise :
— Enfant! quand vous prierez, prierez-vous pas pour moi? —

C'est la plainte des morts! — Les morts pour qui l'on prie
Ont sur leur lit de terre une herbe plus fleurie.
Nul démon ne leur jette un sourire moqueur.
Ceux qu'on oublie, hélas! — leur nuit est froide et sombre,
Toujours quelque arbre affreux, qui les tient sous son ombre,
Leur plonge sans pitié des racines au cœur!

Prie! afin que le père, et l'oncle, et les aïeules,
Qui ne demandent plus que nos prières seules,

Tressaillent dans leur tombe en s'entendant nommer,
Sachent que sur la terre on se souvient encore,
Et, comme le sillon qui sent la fleur éclore,
Sentent dans leur œil vide une larme germer!

V

Ce n'est pas à moi, ma colombe,
De prier pour tous les mortels,
Pour les vivants dont la foi tombe,
Pour tous ceux qu'enferme la tombe,
Cette racine des autels!

Ce n'est pas moi, dont l'âme est vaine,
Pleine d'erreurs, vide de foi,
Qui prierais pour la race humaine,
Puisque ma voix suffit à peine,
Seigneur, à vous prier pour moi!

Non, si pour la terre méchante
Quelqu'un peut prier aujourd'hui,
C'est toi, dont la parole chante,
C'est toi! ta prière innocente,
Enfant, peut se charger d'autrui!

Ah! demande à ce père auguste
Qui sourit à ton oraison
Pourquoi l'arbre étouffe l'arbuste,
Et qui fait du juste à l'injuste
Chanceler l'humaine raison?

Demande-lui si la sagesse
N'appartient qu'à l'éternité?
Pourquoi son souffle nous abaisse?
Pourquoi dans la tombe sans cesse
Il effeuille l'humanité?

Pour ceux que les vices consument,
Les enfants veillent au saint lieu;
Ce sont des fleurs qui le parfument,
Ce sont des encensoirs qui fument,
Ce sont des voix qui vont à Dieu!

Laissons faire ces voix sublimes,
Laissons les enfants à genoux.
Pécheurs! nous avons tous nos crimes,
Nous penchons tous sur les abîmes,
L'enfance doit prier pour tous!

VI

Comme une aumône, enfant, donne donc ta prière
A ton père, à ta mère, aux pères de ton père;
Donne au riche à qui Dieu refuse le bonheur,
Donne au pauvre, à la veuve, au crime, au vice immonde.
Fais en priant le tour des misères du monde; [gneur!
Donne à tous! donne aux morts! — Enfin, donne au Sei-

— « Quoi! murmure ta voix qui veut parler et n'ose,
Au Seigneur, au Très-Haut manque-t-il quelque chose?

Il est le saint des saints, il est le roi des rois!
Il se fait des soleils un cortège suprême!
Il fait baisser la voix à l'océan lui-même!
Il est seul! Il est tout! à jamais! à la fois! » —

Enfant, quand tout le jour vous avez en famille,
Tes deux frères et toi, joué sous la charmille,
Le soir vous êtes las, vos membres sont pliés,
Il vous faut un lait pur et quelques noix frugales,
Et, baisant tour à tour vos têtes inégales,
Votre mère à genoux lave vos faibles pieds.

Eh bien! il est quelqu'un dans ce monde où nous sommes
Qui tout le jour aussi marche parmi les hommes,
Servant et consolant, à toute heure, en tout lieu,
Un bon pasteur qui suit sa brebis égarée,
Un pèlerin qui va de contrée en contrée.
Ce passant, ce pasteur, ce pèlerin, c'est Dieu!

Le soir il est bien las! il faut, pour qu'il sourie,
Une âme qui le serve, un enfant qui le prie,
Un peu d'amour! O toi, qui ne sais pas tromper,
Porte-lui ton cœur plein d'innocence et d'extase,
Tremblante et l'œil baissé, comme un précieux vase
Dont on craint de laisser une goutte échapper!

Porte-lui ta prière! et quand, à quelque flamme
Qui d'une chaleur douce emplira ta jeune âme,

Tu verras qu'il est proche, alors, ô mon bonheur,
O mon enfant! sans craindre affront ni raillerie,
Verse, comme autrefois Marthe, sœur de Marie,
Verse tout ton parfum sur les pieds du Seigneur[1]!

VII

O myrrhe! ô cinname!
Nard cher aux époux!
Baume! éther! dictame!
De l'eau, de la flamme,
Parfums les plus doux!

Prés que l'onde arrose!
Vapeurs de l'autel!
Lèvres de la rose
Où l'abeille pose
Sa bouche de miel!

Jasmin! asphodèle!
Encensoirs flottants!
Branche verte et frêle
Où fait l'hirondelle
Son nid au printemps!

Lis que fait éclore
Le frais arrosoir!
Ambre que Dieu dore!
Souffle de l'aurore,
Haleine du soir!

Parfum de la sève
Dans les bois mouvants!
Odeur de la grève
Qui la nuit s'élève
Sur l'aile des vents!

Fleurs dont la chapelle
Se fait un trésor!
Flamme solennelle,
Fumée éternelle
Des sept lampes d'or!

Tiges qu'a brisées
Le tranchant du fer!
Urnes embrasées!
Esprits des rosées
Qui flottez dans l'air!

Fêtes réjouies
D'encens et de bruits!
Senteurs inouïes!
Fleurs épanouies
Au souffle des nuits!

Odeurs immortelles
Que les Ariel,
Archanges fidèles,
Prennent sur leurs ailes
En venant du ciel!

O couche première
Du premier époux!
De la terre entière,
Des champs de lumière
Parfums les plus doux!

Dans l'auguste sphère,
Parfums, qu'êtes-vous,
Près de la prière
Qui dans la poussière
S'épanche à genoux!

Près du cri d'une âme
Qui fond en sanglots,
Implore et réclame,
Et s'exhale en flamme,
Et se verse à flots!

Près de l'humble offrande
D'un enfant de lin
Dont l'extase est grande
Et qui recommande
Son père orphelin!

Bouche qui soupire,
Mais sans murmurer!
Ineffable lyre!
Voix qui fait sourire
Et qui fait pleurer!

VIII

Quand elle prie, un ange est debout auprès d'elle,
Caressant ses cheveux des plumes de son aile,
Essuyant d'un baiser son œil de pleurs terni,
Venu pour l'écouter sans que l'enfant l'appelle,
Esprit qui tient le livre où l'innocente épèle,
Et qui pour remonter attend qu'elle ait fini.

Son beau front incliné semble un vase qu'il penche
Pour recevoir les flots de ce cœur qui s'épanche;
Il prend tout, pleurs d'amour et soupirs de douleur;
Sans changer de nature il s'emplit de cette âme,
Comme le pur cristal que notre soif réclame
S'emplit d'eau jusqu'aux bords sans changer de couleur.

Ah! c'est pour le Seigneur sans doute qu'il recueille
Ces larmes goutte à goutte et ce lis feuille à feuille!
Et puis il reviendra se ranger au saint lieu,
Tenant prêts ces soupirs, ces parfums, cette haleine,
Pour étancher le soir, comme une coupe pleine,
Ce grand besoin d'amour, la seule soif de Dieu!

Enfant! dans ce concert qui d'en bas le salue,
La voix par Dieu lui-même entre toutes élue,
C'est la tienne, ô ma fille! elle a tant de douceur,
Sur des ailes de flamme elle monte si pure,
Elle expire si bien en amoureux murmure,
Que les vierges du ciel disent : c'est une sœur!

IX

Oh! bien loin de la voie
Où marche le pécheur,
Chemine où Dieu t'envoie!
Enfant, garde ta joie!
Lis, garde ta blancheur!

Sois humble! que t'importe
Le riche et le puissant!
Un souffle les emporte.
La force la plus forte
C'est un cœur innocent!

Bien souvent Dieu repousse
Du pied les hautes tours;
Mais dans le nid de mousse
Où chante une voix douce
Il regarde toujours!

Reste à la solitude!
Reste à la pauvreté!
Vis sans inquiétude,
Et ne te fais étude
Que de l'éternité!

Il est, loin de nos villes
Et loin de nos douleurs,
Des lacs purs et tranquilles,
Et dont toutes les îles
Sont des bouquets de fleurs!

Flots d'azur où l'on aime
A laver ses remords!
D'un charme si suprême
Que l'incrédule même
S'agenouille à leurs bords!

L'ombre qui les inonde
Calme et nous rend meilleurs;
Leur paix est si profonde
Que jamais à leur onde
On n'a mêlé de pleurs!

Et le jour, que leur plaine
Reflète éblouissant,
Trouve l'eau si sereine
Qu'il y hasarde à peine
Un nuage en passant!

Ces lacs que rien n'altère,
Entre des monts géants
Dieu les met sur la terre,
Loin du souffle adultère
Des sombres océans,

Pour que nul vent aride,
Nul flot mêlé de fiel
N'empoisonne et ne ride
Ces gouttes d'eau limpide
Où se mire le ciel!

O ma fille, âme heureuse!
O lac de pureté!
Dans la vallée ombreuse,
Reste où ton Dieu te creuse
Un lit plus abrité!

Lac que le ciel parfume!
Le monde est une mer;
Son souffle est plein de brume,
Un peu de son écume
Rendrait ton flot amer!

X

Et toi, céleste ami qui gardes son enfance,
Qui le jour et la nuit lui fais une défense
De tes ailes d'azur!
Invisible trépied où s'allume sa flamme!
Esprit de sa prière, ange de sa jeune âme,
Cygne de ce lac pur!

Dieu te l'a confiée et je te la confie!
Soutiens, relève, exhorte, inspire et fortifie
Sa frêle humanité!
Qu'elle garde à jamais, réjouie ou souffrante,
Cet œil plein de rayons, cette âme transparente,
Cette sérénité

Qui fait que tout le jour, et sans qu'elle te voie,
Écartant de son cœur faux désirs, fausse joie,
Mensonge et passion,
Prosternant à ses pieds ta couronne immortelle,
Comme elle devant Dieu, tu te tiens devant elle
En adoration!

15 juin 1830.

XXXVIII

PAN

Ὅλος νόος, ὅλος φῶς, ὅλος ὀφθαλμός.
CLÉM. ALEX[1].

Si l'on vous dit que l'art et que la poésie
C'est un flux éternel de banale ambroisie,
Que c'est le bruit, la foule, attachés à vos pas,
Ou d'un salon doré l'oisive fantaisie,
Ou la rime en fuyant par la rime saisie,
Oh! ne le croyez pas!

O poètes sacrés, échevelés, sublimes,
Allez, et répandez vos âmes sur les cimes,
Sur les sommets de neige en butte aux aquilons,
Sur les déserts pieux où l'esprit se recueille,
Sur les bois que l'automne emporte feuille à feuille,
Sur les lacs endormis dans l'ombre des vallons!

Partout où la nature est gracieuse et belle,
Où l'herbe s'épaissit pour le troupeau qui bêle,
Où le chevreau lascif mord le cytise en fleurs,
Où chante un pâtre, assis sous une antique arcade,
Où la brise du soir fouette avec la cascade
Le rocher tout en pleurs;

Partout où va la plume et le flocon de laine;
Que ce soit une mer, que ce soit une plaine,
Une vieille forêt aux branchages mouvants,
Iles au sol désert, lacs à l'eau solitaire,
Montagnes, océans, neige ou sable, onde ou terre,
Flots ou sillons, partout où vont les quatre vents;

Partout où le couchant grandit l'ombre des chênes,
Partout où les coteaux croisent leurs molles chaînes,
Partout où sont des champs, des moissons, des cités,
Partout où pend un fruit à la branche épuisée,
Partout où l'oiseau boit des gouttes de rosée,
Allez, voyez, chantez!

Allez dans les forêts, allez dans les vallées.
Faites-vous un concert des notes isolées!
Cherchez dans la nature, étalée à vos yeux,
Soit que l'hiver l'attriste ou que l'été l'égaye,
Le mot mystérieux que chaque voix bégaye.
Écoutez ce que dit la foudre dans les cieux!

C'est Dieu qui remplit tout. Le monde, c'est son temple.
Œuvre vivante, où tout l'écoute et le contemple!
Tout lui parle et le chante. Il est seul, il est un.
Dans sa création tout est joie et sourire;
L'étoile qui regarde et la fleur qui respire,
Tout est flamme ou parfum!

Enivrez-vous de tout! enivrez-vous, poètes,
Des gazons, des ruisseaux, des feuilles inquiètes,

Du voyageur de nuit dont on entend la voix,
De ces premières fleurs dont février s'étonne,
Des eaux, de l'air, des prés, et du bruit monotone
Que font les chariots qui passent dans les bois!

Frères de l'aigle! aimez la montagne sauvage :
Surtout à ces moments où vient un vent d'orage,
Un vent sonore et lourd qui grossit par degrés,
Emplit l'espace au loin de nuages et d'ombres,
Et penche sur le bord des précipices sombres
Les arbres effarés!

Contemplez du matin la pureté divine,
Quand la brume en flocons inonde la ravine,
Quand le soleil, que cache à demi la forêt,
Montrant sur l'horizon sa rondeur échancrée,
Grandit, comme ferait la coupole dorée
D'un palais d'Orient dont on approcherait!

Enivrez-vous du soir! à cette heure où, dans l'ombre,
Le paysage obscur, plein de formes sans nombre,
S'efface, de chemins et de fleuves rayé;
Quand le mont, dont la tête à l'horizon s'élève,
Semble un géant couché qui regarde et qui rêve,
Sur son coude appuyé!

Si vous avez en vous, vivantes et pressées,
Un monde intérieur d'images, de pensées,
De sentiments, d'amour, d'ardente passion,
Pour féconder ce monde, échangez-le sans cesse
Avec l'autre univers visible qui vous presse!
Mêlez toute votre âme à la création!

Car, ô poètes saints! l'art est le son sublime,
Simple, divers, profond, mystérieux, intime,
Fugitif comme l'eau qu'un rien fait dévier,
Redit par un écho dans toute créature,
Que sous vos doigts puissants exhale la nature,
Cet immense clavier!

8 novembre 1831.

XXXIX

Amor de mi pecho,
Pecho de mi amor!
Arbol, que has hecho,
Que has hecho del flor?

Romance[1].

Avant que mes chansons aimées,
Si jeunes et si parfumées,
Du monde eussent subi l'affront,
Loin du peuple ingrat qui les foule,
Comme elles fleurissaient en foule,
Vertes et fraîches sur mon front!

De l'arbre à présent détachées,
Fleurs par l'aquilon desséchées,
Vains débris qu'on traîne en rêvant,
Elles errent éparpillées,
De fange ou de poudre souillées,
Au gré du flot, au gré du vent.

Moi, comme des feuilles flétries,
Je les vois, toutes défleuries,
Courir sur le sol dépouillé;
Et la foule qui m'environne,
En broyant du pied ma couronne,
Passe et rit de l'arbre effeuillé!

6 septembre 1828.

XL

Toi, vertu, pleure si je meurs!

André Chénier.

Amis, un dernier mot! — et je ferme à jamais
Ce livre, à ma pensée étranger désormais.
Je n'écouterai pas ce qu'en dira la foule.
Car, qu'importe à la source où son onde s'écoule?
Et que m'importe, à moi, sur l'avenir penché,
Où va ce vent d'automne au souffle desséché
Qui passe, en emportant sur son aile inquiète
Et les feuilles de l'arbre et les vers du poète?

Oui, je suis jeune encore, et quoique sur mon front,
Où tant de passions et d'œuvres germeront,
Une ride de plus chaque jour soit tracée,
Comme un sillon qu'y fait le soc de ma pensée,
Dans le cour incertain du temps qui m'est donné,
L'été n'a pas encor trente fois rayonné.
Je suis fils de ce siècle! Une erreur, chaque année,
S'en va de mon esprit, d'elle-même étonnée,
Et, détrompé de tout, mon culte n'est resté
Qu'à vous, sainte patrie et sainte liberté!

Je hais l'oppression d'une haine profonde.
Aussi, lorsque j'entends, dans quelque coin du monde,
Sous un ciel inclément, sous un roi meurtrier,
Un peuple qu'on égorge appeler et crier;
Quand, par les rois chrétiens aux bourreaux turcs livrée,
La Grèce, notre mère, agonise éventrée;
Quand l'Irlande saignante expire sur sa croix;
Quand Teutonie aux fers se débat sous dix rois[1];
Quand Lisbonne, jadis belle et toujours en fête,
Pend au gibet, les pieds de Miguel sur sa tête[2];
Lorsqu'Albani gouverne au pays de Caton[3];
Que Naples mange et dort[4]; lorsqu'avec son bâton,
Sceptre honteux et lourd que la peur divinise,
L'Autriche casse l'aile au lion de Venise[5];
Quand Modène étranglé râle sous l'archiduc[6];
Quand Dresde lutte et pleure au lit d'un roi caduc[7];
Quand Madrid se rendort d'un sommeil léthargique;
Quand Vienne tient Milan; quand le lion belgique,
Courbé comme le bœuf qui creuse un vil sillon,
N'a plus même de dents pour mordre son bâillon[8];
Quand un Cosaque affreux, que la rage transporte,
Viole Varsovie échevelée et morte,
Et, souillant son linceul, chaste et sacré lambeau,
Se vautre sur la vierge étendue au tombeau;
Alors, oh! je maudis, dans leur cour, dans leur antre,
Ces rois dont les chevaux ont du sang jusqu'au ventre!
Je sens que le poète est leur juge! je sens
Que la muse indignée, avec ses poings puissants,
Peut, comme au pilori, les lier sur leur trône
Et leur faire un carcan de leur lâche couronne,
Et renvoyer ces rois, qu'on aurait pu bénir,
Marqués au front d'un vers que lira l'avenir!

Oh! la muse se doit aux peuples sans défense.
J'oublie alors l'amour, la famille, l'enfance,
Et les molles chansons, et le loisir serein,
Et j'ajoute à ma lyre une corde d'airain!

Novembre 1831.

VIE DE VICTOR HUGO

1802 — *28 février* : Naissance de Victor, Marie, Hugo, troisième fils du commandant Hugo.

1803 — Naissance d'Adèle Foucher, la future Mme V. Hugo.

1806 — Naissance de Juliette Gauvain (Juliette Drouet).

1811 — Le général Hugo demande le divorce à la suite de l'arrestation, chez sa femme, du général de Lahorie, conspirateur et amant de Mme Hugo.

1814 — Victor Hugo est mis en pension chez Cordier, dans l'actuelle rue Gozlin.

1815 — Il compose ses premiers poèmes.

1817 — Il obtient une mention de l'Académie française, achève un opéra et une tragédie.

1818 — Divorce légal des époux Hugo. Il suit les cours du lycée Louis-le-Grand et obtient le 5e accessit de physique au Concours général.

1819 — Idylle avec Adèle Foucher. Prix des Jeux floraux de Toulouse pour deux odes d'inspiration royaliste. Les frères Hugo fondent *Le Conservateur littéraire*.

1821 — Mort de Mme Hugo. Fiançailles secrètes avec Adèle Foucher.

1822 — *Odes et Poésies diverses*, parution. Il épouse Adèle Foucher. Son frère, Eugène Hugo, devient fou.

1823 — *Han d'Islande*, parution. Louis XVIII renouvelle la pension accordée en 1822. Naissance et mort du premier fils, Léopold-Victor.

1824 — *Les Nouvelles Odes*. Naissance de Léopoldine.

1826 — *Bug-Jargal, Odes et Ballades*. Naissance de Charles.

1827 — Hugo achève *Cromwell* et se lie avec Sainte-Beuve. Il écrit la préface de *Cromwell* où se trouve défini le drame romantique. Il fait figure de chef d'école.

1828 — Il écrit *Le dernier jour d'un condamné*. Naissance de François-Victor Hugo.

1829 — *Les Orientales*, publication. Il écrit *Marion Delorme* et *Hernani*.

1830 — « Bataille » d'*Hernani* à la Comédie-Française. Hugo commence *Notre-Dame de Paris*. Naissance d'Adèle, dont Sainte-Beuve est le parrain.

1831 — *Notre-Dame de Paris, Les Feuilles d'Automne*, publication. *Marion Delorme*, représentation.

1832 — Hugo écrit *Le roi s'amuse, Lucrèce Borgia*. Il s'installe place Royale (actuel musée Victor-Hugo, place des Vosges). Interdiction de la représentation de *Le roi s'amuse*.

1833 — Hugo rencontre Juliette Drouet, comédienne. Il devient son amant. *Lucrèce Borgia*, représentation (avec J. Drouet dans un petit rôle). *Marie Tudor*, représentation et publication.

1834 — Publications : *Etude sur Mirabeau, Littérature et Philosophie mêlées, Les Gueux*. Rupture avec Sainte-Beuve.

1835 — Publications : *Angelo, Les Chants du Crépuscule*. Représentation d'*Angelo*.

1836 — Échec à l'Académie, à deux reprises.

1837 — Le frère de Hugo, Eugène, meurt à l'asile de Charenton où il avait été interné. Publication des *Voix intérieures*. Voyage en Belgique avec Juliette Drouet.

1838 — Publication de *Ruy Blas*.

1839 — Voyage dans l'Est, la Rhénanie et la Provence avec Juliette Drouet.

1840 — Hugo, président de la Société des Gens de Lettres, à la suite de Balzac. Nouvel échec à l'Académie. Publication de *Les Rayons et les Ombres*. Voyage avec Juliette Drouet sur les bords du Rhin.

1841 — Hugo est élu à l'Académie.

1842 — Publication du *Rhin*.

1843 — Représentation et publication des *Burgraves*. Voyage en Espagne avec Juliette Drouet. Mariage de Léopoldine avec Charles Vacquerie : quelques mois après, ils se noient à Villequier.

1844 — Liaison avec Mme Biard.

1845 — Hugo reçoit Sainte-Beuve à l'Académie. Il est nommé pair de France. Léonie Biard et Hugo sont surpris en flagrant délit d'adultère.

1846 — Liaison avec Alice Ozy.

1851 — Expulsé après le coup d'État, Hugo gagne Bruxelles où il commence *Histoire d'un Crime*.

1852 — Hugo achève à Bruxelles *Histoire d'un Crime*, écrit *Napoléon-le-Petit*, puis gagne Jersey. Il s'installe à Marine-Terrace.

1853 — Séances de tables tournantes à Jersey.
25 novembre : Publication des *Châtiments*.

1854 — Hugo écrit *La Fin de Satan*.

1855 — Mort d'Abel Hugo. Expulsé de Jersey, Hugo gagne Guernesey.

1856 — Publication des *Contemplations*. Hugo s'installe à Hauteville-House.

1859 — Publication de *La Légende des Siècles* (1re série).

1861 — Hugo gagne Bruxelles. Il achève *Les Misérables*. Il revient à Guernesey.

1862 — Publication des *Misérables*. Voyage sur les bords du Rhin, recommencé en 1863, 1864, 1865.

1864 — Publication de *William Shakespeare*.

1865 — Hugo reste seul à Guernesey avec Juliette Drouet. Il voyage en Belgique et sur les bords du Rhin. Publication des *Chansons des Rues et des Bois*.

1866 — Publication des *Travailleurs de la Mer*.

1867 — Juliette Drouet et Adèle Hugo se rendent visite pour la première fois.
Hugo écrit *Mangeront-ils*, et *La Voix de Guernesey*.

1868 — Mort d'Adèle Hugo, sa femme, à Bruxelles. Hugo achève *L'Homme qui rit*.

1870 — *5 septembre :* Hugo rentre en France après dix-neuf ans d'exil. La première édition française des *Châtiments* est mise en vente. On en donne lecture publique au Théâtre de la Porte-Saint-Martin.

1871 — Hugo, élu député à l'Assemblée constituante, rejoint le gouvernement à Bordeaux.
21 mars : Hugo se rend à Bruxelles pour régler la succession de son fils Charles, qui vient de mourir.

1872 — Sa fille Adèle, folle, est internée. Publication de *L'Année terrible*.
Liaison avec la femme de chambre de Juliette Drouet.

1873 — Hugo achève *Quatre-Vingt-Treize*. Son fils François-Victor meurt.

1874 — Publication de *Quatre-Vingt-Treize* et de *Mes Fils*.

1875 — Publication de *Avant l'Exil* et *Pendant l'Exil.* Hugo rédige son testament littéraire.

1876 — Hugo, élu sénateur, prononce un discours pour l'amnistie des Communards. Il écrit l'éloge funèbre de G. Sand et publie *Depuis l'Exil.*

1877 — Publication de *La Légende des Siècles* (2e série), de *L'Art d'être grand-père,* d'*Histoire d'un Crime.*

1878 — *27 juin :* Congestion cérébrale : Hugo ne pourra plus écrire que difficilement.

1880 — Nouveau discours en faveur de l'amnistie des Communards. Publication de *Religions et Religion* et de *L'Ane.*

1881 — Hommages à Hugo : manifestation populaire, séance au Sénat. Publication des *Quatre Vents de l'Esprit.*

1882 — Publication de *Torquemada.* Éloge funèbre de Louis Blanc.

1883 — Mort de Juliette Drouet. Publication de *La Légende des Siècles* (3e série) et de *L'Archipel de la Manche.*

1885 — *15 mai.* Congestion pulmonaire. *22 mai,* 13 h 27 : mort de Victor Hugo à son domicile, 130, avenue d'Eylau. *1er juin :* Funérailles nationales. Inhumation au Panthéon.

NOTES

LES ORIENTALES

Préface de l'édition originale

P. 19.

1. Canidie est une sorcière dont s'est moqué Horace (Satire I, livre VIII). Morgane est un personnage des légendes du roi Arthur.

P. 20.

1. Bévue de Hugo : la colocasia n'est pas un vêtement comme la cotte hardie, robe portée au XIIIe siècle par les femmes ou par les hommes, mais une plante citée par Virgile dans la IVe églogue.

2. Il s'agit de la session qui s'ouvrit en janvier 1829 pour se clore le 31 juillet : elle allait consacrer l'échec du ministère modéré de Montignac et rendre la chute des Bourbons inévitable.

P. 22.

1. Aujourd'hui, place de la Concorde.

P. 24.

1. Les poèmes du *Derviche* et du *Château-fort* témoignent de l'intérêt de Hugo pour ce personnage, vizir de Janina.

Le feu du ciel

P. 27.

1. Hugo évoque, d'après le chapitre XIX de la Genèse dans la traduction de Lemaistre de Saci, la destruction de Sodome et Gomorrhe par la pluie de feu.

P. 30.

1. Selon Hérodote, les pyramides étaient à l'origine revêtues de marbre.

P. 31.

1. Dans la Bible, Ophir est un lieu où l'on va chercher l'or, les pierres et les bois précieux. Membré est le nom d'une vallée mais n'est pas mentionné comme un bien de commerce.

P. 37.

1. Isaïe (XLVI, I) prend à partie Nabo, idole des Babyloniens.

Canaris

P. 41.

1. Le marin Canaris était un héros de l'indépendance grecque, célèbre pour son audace.

P. 43.

1. Les armes du duché de Milan représentaient un serpent tenant un enfant dans sa gueule.

2. Chez les Turcs, les queues de cheval étaient utilisées pour indiquer les distinctions politiques.

Les têtes du sérail

P. 45.

1. Le poème est inspiré par la chute de Missolonghi, le 22 avril 1826.

2. Acte I, scène v (discours de l'ombre du père de Hamlet).

P. 49.

1. Il s'agit du fameux général souliote Marcos Botzaris, tué le 21 août 1823 dans une rencontre avec les Turcs, et enterré à Missolonghi.

P. 50.

1. *Mayer* : « Volontaire suisse, rédacteur de la *Chronique hellénique*, mort à Missolonghi (note du manuscrit).

P. 51.

1. « Joseph, évêque de Rogous, mort à Missolonghi comme un prêtre et comme un soldat » (note du manuscrit).

P. 52.

1. Mahmoud avait tué tous ses parents mâles pour s'assurer le trône.

Enthousiasme

P. 55.

1. Le colonel Fabvier est le plus fameux des philhellènes français. En 1827, il défendit l'Acropole assiégée par les Turcs.

Navarin

P. 58.

1. La Turquie ayant rejeté l'ultimatum de la France, de l'Angleterre et de la Russie, demandant la cessation des hostilités, les puissances bloquèrent le port de Navarin et anéantirent, le 20 octobre 1827, la flotte d'Ibrahim-Pacha.
2. Lettre de Henri IV après la bataille d'Arques : « Pends-toi brave Crillon : nous avons vaincu à Arcques, et tu n'y étais pas. »

P. 60.

1. *L'Afrique :* L'Égypte d'Ibrahim-Pacha.
2. *Le Belvédère :* la côte occidentale. *L'Isthme :* l'isthme de Corinthe. Le vers signifie qu'Ibrahim parcourt le Péloponnèse d'est en ouest.

P. 61.

1. *Duquesne :* Abraham Duquesne pourchassa les pirates barbaresques et bombarda Alger, en 1682 et 1683.

P. 65.

1. *icoglans :* pages du Sultan.
2. La barcarolle n'est pas une barque, mais une chanson de batelier. Hugo a été trompé par l'apparence du mot.
3. *amures :* cordages qui servent à fixer le point de la voile du côté du vent.

P. 66.

1. *voile latine :* voile triangulaire; en fait, la brigantine porte une voile en forme de trapèze.
2. *lougres :* navires de guerre légers et rapides. Là encore, Hugo est trompé par l'apparence du mot.

P. 69.

1. Dans la guerre d'indépendance de la Grèce, l'Autriche s'en tint à une stricte neutralité. Quelques navires de commerce autrichiens, mêlés aux vaisseaux turcs, furent détruits à Navarin. Cette attitude contribua à accentuer encore l'impopularité de l'Autriche en France.

Cri de guerre du Mufti

P. 70.

1. *spahis, timariots :* corps de la cavalerie turque.
2. *Othman :* fondateur de la dynastie ottomane.
3. *Setiniah :* On ne sait où Hugo a trouvé ce nom turc d'Athènes.

La douleur du Pacha

P. 71.

1. « Azraël, ange turc des tombeaux » (note du manuscrit).

Chanson de pirates

P. 74.

1. *Le captif d'Ochali :* Ce conte, paru dans les *Tablettes romantiques* en 1823, est peut-être d'Eugène Hugo.

La captive

P. 76.

1. « Voyez les mémoires d'Ibrahim-Manzour Effendi, sur le double sérail d'Ali-Pacha. C'est une mode turque. » (note du manuscrit).

Clair de lune

P. 79.

1. « Sous le silence ami de la lune » (*Énéide*, II, 255).
2. « Djinn, génie, esprit de la nuit. Voyez dans ce recueil *les Djinns* » (note du manuscrit).

La sultane favorite

P. 85.

1. Bassora : ville près du golfe Persique, sur le Tigre.
2. Trébizonde : ville sur la mer Noire.
3. Fez, au Maroc, et Mosul, sur le Tigre, sont des centres commerciaux.
4. Erzeroum : ville de Turquie orientale, attaquée et prise par les Russes en 1828.

P. 86.

1. *veuves :* allusion au suicide des veuves aux Indes.
2. Daman : ville d'Égypte.

Le derviche

P. 87.

1. Auteur des *Odes d'un Jeune Grec*, parues à Paris, en 1828, en édition bilingue.
2. *arnautes :* nom des soldats albanais.
3. Ali-Pacha était né près de Tépéléni, en Albanie.

P. 88.

1. « Le segjin, septième cercle de l'enfer turc. Toute lumière y est obstruée par l'ombre d'un arbre immense » (note du manuscrit).

Le château-fort

P. 90.

1. « Adieu! »

Marche turque

P. 93.

1. Nom que les Turcs donnaient aux chrétiens.

P. 94.

1. « *Comparadgis*, bombardiers; *spahis*, cavaliers qui ont des espèces de fiefs et doivent au sultan un certain nombre d'années de service militaire; *timariots*, cavalerie composée de recrues, qui n'a ni uniforme ni discipline, et ne sert qu'en temps de guerre » (note du manuscrit). Cette note est, nous dit-on, assez inexacte : ce seraient les timariots qui recevaient du Sultan des fiefs, appelés *timars*.

La bataille perdue

P. 96.

1. Cette pièce est une inspiration de l'admirable romance *Rodrigo en el campo de batalla*, que nous reproduisons ici, traduite littéralement comme elle a paru en 1821 dans un extrait du *Romancero general* publié pour la première fois en français par Abel Hugo, frère de l'auteur de ce livre.

Rodrigue sur le champ de bataille

C'était le huitième jour de la bataille; l'armée de Rodrigue découragée fuyait devant les ennemis vainqueurs.

Rodrigue quitte son camp, sort de sa tente royale, seul, sans personne qui l'accompagne.

Son cheval fatigué pouvait à peine marcher. Il s'avance au hasard, sans suivre aucune route.

Presque évanoui de fatigue, dévoré par la faim et par la soif, le malheureux roi allait, si couvert de sang, qu'il en paraissait rouge comme un charbon ardent.

Ses armes sont faussées par les pierres qui les ont frappées; le tranchant de son épée est dentelé comme une scie; son casque déformé s'enfonce sur sa tête enflée par la douleur.

Il monte sur la plus haute colline, et de là il voit son armée détruite et débandée, ses étendards jetés sur la poussière; aucun chef ne se montre au loin; la terre est couverte du sang qui coule par ruisseaux. Il pleure et dit :

« Hier j'étais roi de toute l'Espagne, aujourd'hui je ne le suis pas d'une seule ville. Hier j'avais des villes et des châteaux, je n'en ai aucuns aujourd'hui. Hier j'avais des courtisans et des serviteurs, aujourd'hui je suis seul, je ne possède même pas une tour à créneaux! Malheureuse l'heure, malheureux le jour où je suis né, et où j'héritai de ce grand empire que je devais perdre en un jour! »

On voit du reste que les emprunts de l'auteur de ce recueil, et c'est un tort sans doute, se bornent à quelques détails reproduits dans cette strophe :

Hier j'avais des châteaux, j'avais de belles villes,
Des grecques par milliers à vendre aux juifs serviles;
J'avais de grands harems et de grands arsenaux.
Aujourd'hui, dépouillé, vaincu, proscrit, funeste,
Je fuis... De mon empire, hélas! rien ne me reste.
Allah! je n'ai plus même une tour à créneaux!

M. Émile Deschamps, qui nous a fourni l'épigraphe de cette pièce, a dit dans sa belle traduction de cette belle romance :

Hier, j'avais douze armées,
Vingt forteresses fermées,
Trente ports, trente arsenaux...
Aujourd'hui, pas une obole,
Pas une lance espagnole,
Pas une tour à créneaux!

La rencontre était inévitable. Au reste, M. Émile Deschamps est seul en droit de dire qu'il s'est *inspiré* de l'original espagnol, parce qu'en effet, indépendamment de la fidélité à tous les détails importants, il y a dans son œuvre inspiration et création. Il s'est emparé de la romance gothe, l'a remaniée, l'a refondue, et l'a jetée dans notre vers français, plus riche, plus variée dans ses formes, plus large, et en quelque sorte reciselée. Son *Rodrigue pendant la bataille* n'est pas la moindre parure de son beau recueil. » (Note du manuscrit.)

P. 98.

1. Les queues de cheval servaient à marquer le rang des dignitaires de l'empire ottoman.

P. 99.

1. Reschid : Hugo songe sans doute à l'un des généraux turcs de la guerre d'indépendance, Rechid-Pacha, qui avait subi des revers devant Missolonghi et Athènes.

Le ravin.

P. 100.

1. « ... Les fossés profonds qui défendent cette cité de désolation. » (*Enfer*, VIII, 76-77).

L'Enfant

P. 102.

1. « Voyez le Koran pour l'arbre tuba, comme pour l'arbre du segjin. Le paradis des Turcs, comme leur enfer, a son arbre (note du manuscrit).

Attente

P. 108.

1. « Elle espérait, désespérée. »

Lazzara

P. 112.

1. Les klephtes (en grec, « voleurs »), montagnards hors la loi, constituaient le noyau des bandes armées de la guerre d'indépendance.

Nourmahal la Rousse

P. 126.

1. Nous reproduisons ici la très longue note du manuscrit qui est composée des lettres mêmes que l'orientaliste Ernest Fouinet adressa à Hugo. Employé des Contributions indirectes, Fouinet avait rencontré Hugo, dont il était l'aîné de douze ans, chez Nodier, à l'Arsenal. Il a publié, en 1830, un *Choix de poésies orientales*.

Les quatre premières pièces de cette note ont été traduites, non pas de l'original — comme l'affirme Hugo — mais de la traduction latine de la *Moallakah* de Tarapha (Leyde, 1742).

« Nourmahal est un mot arabe qui veut dire *lumière de la maison*. Il ne faut pas oublier que les cheveux roux sont une beauté pour certains peuples de l'Orient.

« Quoique cette pièce ne soit empruntée à aucun texte oriental, nous croyons que c'est ici le lieu de citer quelques extraits absolument inédits de poèmes orientaux qui nous paraissent à un haut degré remarquables et curieux. La lecture de ces citations accoutumera peut-être le lecteur à ce qu'il peut y avoir d'étrange dans quelques-unes des pièces qui composent ce volume. Nous devons la communication de ces fragments, publiés ici pour la première fois, à un jeune écrivain de savoir et d'imagination, M. Ernest Fouinet, qui peut mettre une érudition d'orientaliste au service de son talent de poète. Nous conservons scrupuleusement sa traduction; elle est littérale, et par conséquent, selon nous, excellente.

La Chamelle

La chamelle s'avance dans les sables de Thamed.

Elle est solide comme les planches d'un cercueil, quand je la pousse sur un sentier frayé, comme un manteau couvert de raies.

Elle dépasse les plus rapides, et rapidement son pied de derrière chasse son pied de devant.

Elle obéit à la voix de son conducteur, et, de sa queue épaisse elle repousse les caresses violentes du chameau au poil roux;

D'une queue qui semble une paire d'ailes d'aigle que l'on aurait attachées à l'os avec une alêne;

D'une queue qui frappe tantôt le voyageur, tantôt une mamelle aride, tombante, ridée comme une outre.

Ses cuisses sont d'une chair compacte, pleine, et ressemblent aux portes élevées d'un château-fort.

Les vertèbres de son dos sont souples; ses côtés ressemblent à des arcs solides.

Ses jambes se séparent quand elle court, comme les deux seaux que porte un homme du puits à sa tente.

Les traces des cordes sur ses flancs semblent des étangs desséchés et remplis de cailloux épars sur la terre aride.

Son crâne est dur comme l'enclume; celui qui le touche croit toucher une lime.

Sa joue est blanche comme du papier de Damas, ses lèvres noirâtres comme du cuir d'Yémen, dont les courroies ne se rident point.

Enfin elle ressemble à un aqueduc, dont le constructeur grec a couvert de tuiles le sommet.

Ce morceau fait partie de la *Moallakat* de Tarafa.

Tous les sept ans, avant l'islamisme, les poètes de l'Arabie concouraient en poésie, à une foire célèbre, dans un lieu nommé Occadh. La cassideh (chant) qui avait été jugée la meilleure obtenait l'honneur d'être *suspendue* aux murailles intérieures du temple de la Mecque; on a conservé sept de ces poèmes ainsi couronnés. *Moallakat* veut dire suspendue.

La Cavale

La cavale qui m'emporte dans le tumulte a les pieds longs, les crins épars, blanchâtres, se déployant sur son front.

Son ongle est comme l'écuelle dans laquelle on donne à manger à un enfant. Il contient une chair compacte et ferme.

Ses talons sont parfaits, tant les tendons sont délicats.

Sa croupe est comme la pierre du torrent qu'a polie le cours d'une eau rapide*.

Sa queue est comme le vêtement traînant de l'épouse**...

A voir ses deux flancs maigres, on croirait un léopard couché.

Son cou est comme le palmier élevé entre les palmiers auquel a mis le feu un ennemi destructeur***.

Les crins qui flottent sur les côtés de sa tête sont comme les boucles des femmes qui traversent le désert, montées sur des cavales, par un jour de vent.

Son front ressemble au dos d'un bouclier fabriqué par une main habile.

Ses narines rappellent l'idée d'un antre de bêtes féroces et d'hyènes, tant elles soufflent violemment.

Les poils qui couvrent le bas de ses jambes sont comme des plumes d'aigle noir, qui changent de couleur quand elles se hérissent.

Quand tu la vois arriver à toi, tu dis : C'est une sauterelle verte qui sort de l'étang.

Quand elle s'éloigne de toi, tu dirais : C'est un trépied solide qui n'a aucune fente****.

Si tu la vois en travers, tu diras : Ceci est une sauterelle qui a une queue et la tend en arrière.

Le fouet en tombant sur elle produit le bruit de la grêle.

---

* L'auteur a traduit ce passage dans les *Adieux de l'hôtesse arabe :*

Ses pieds fouillent le sol, sa croupe est belle à voir,
Ferme, ronde et luisante, ainsi qu'un rocher noir
Que polit une onde rapide.

** Il y a ici quelque chose de tout à fait primitif et qui pourrait tout au plus se traduire en latin.

*** Son cou est fumant.

**** Ceci est dans les mœurs, on dresse un trépied dans le désert pour faire la cuisine.

Elle court comme une biche que poursuit un chasseur.

Elle fait des sauts pareils au cours des nuages qui passent sur la vallée sans l'arroser, et qui vont se verser sur une autre.

« Que les lecteurs d'un esprit prompt exercent sur ce tableau les forces de leur imagination », s'écrie, à propos de ce beau et bizarre passage, ce bon allemand Reiske, qui préférait si énergiquement *le chameau frugal de Tarafa au cheval Pégase.*

Traversée du désert pendant la nuit

Je me plonge dans les anfractuosités des précipices, dans des solitudes où sifflent les djinns et les goules.

Par une nuit sombre, dans une effusion de ténèbres, je marchais, et mes compagnons flottaient comme des branches, par l'effet du sommeil.

C'était une obscurité vaste comme la mer, horrible, au sein de laquelle le guide s'égarait, qui retentit des cris du hibou, où périt le voyageur effrayé.

Pendant le jour

On entendait le vent gémir dans les profondeurs des précipices.

Et nous marchions à l'heure de midi, traversant les souffles brûlants et empestés qui mettent en fusion les fibres du cerveau.

Ma chamelle était rapide comme le *katha** qui traverse le désert.

Qui y vient chercher de l'eau, et se jette sur une source dont on n'a jamais approché, tant elle est entourée de solitudes impénétrables.

De même, je m'enfonce dans une plaine poussiéreuse, dont le sable agité ressemble à un vêtement rayé**.

---

* Oiseau du désert qui vole d'instinct à toutes les sources d'eau.

** Cette belle et pittoresque expression a été traduite par l'auteur dans cette strophe de *Mazeppa :*

Et si l'infortuné, dont la tête se brise,
Se débat, le cheval, qui devance la brise,
D'un bond plus effrayé
S'enfonce au désert vaste, aride, infranchissable,
Qui devant eux s'étend, avec ses plis de sable,
Comme un manteau rayé.

(Note de l'édition originale.)

Je me plonge dans l'abîme de vapeurs dans lesquelles les bornes* ressemblent à des pêcheurs assis sur des écueils au bord de la mer.

Ma chamelle passait où il n'y avait pas de route, où il n'y avait pas d'habitants.

Et elle faisait voler la poussière, car elle passait comme la flèche lorsqu'elle fuit l'arc qui lance au loin.

Ces deux tableaux sont d'*Omaïah ben Aïedz*, poète de la tribu poétique des Hudeïlites, qui habitait au couchant de la Mecque.

Voici un fragment plus ancien encore, admirable de profondeur et de mélancolie. C'est beau autrement que Job et Homère, mais c'est aussi beau.

La fortune m'a fait descendre d'une montagne élevée dans une vallée profonde;

La fortune m'avait élevé par la profusion de ses richesses; à présent je n'ai d'autre bien que l'honneur.

Le sort me fait pleurer aujourd'hui; combien il m'a fait sourire autrefois!

Si ce n'était des filles à moi, faibles et tendres comme le duvet des petits kathas**,

Certes j'aimerais à être agité de long en large sur la terre;

Mais nos enfants sont comme nos entrailles, nous en avons besoin.

Mes enfants! si le vent soufflait sur un d'eux, mes yeux resteraient fixes.

Rencontre de tribus

Ils se précipitèrent avec violence sur la tribu, et dispersèrent l'avant-garde comme un troupeau d'ânes sauvages, mais ils rencontrèrent un nuage plein de grêle***.

Les lances en se plongeant dans le sang rendaient un son humide

---

* Qui indiquent les chemins.

** Oiseaux du désert.

*** Le poète ne se serait point borné à dire *un nuage* dans ce cas . un nuage est bienfaisant pour des arabes. Mais il dit un nuage *plein de grêle*, malfaisant.

comme celui de la pluie qui tombe dans la pluie*; les épées en frappant produisaient un son sec comme quand on fend du bois.

Les arcs rendaient des sifflements confus comme ceux d'un vent du sud qui pousse une eau glacée.

On eût dit que les combattants étaient sous un nuage d'été qui s'épure en versant sa pluie, tandis que de petites nuées amoncelées lancent leurs éclairs.

Le morceau suivant, qui est de Rabiah ben al Kouden, nous semble remarquable par le désordre lyrique des idées. Il est curieux de voir de quelle façon les images s'engendrent une à une dans le cerveau du poète, et de retrouver Pindare sous la tente de l'arabe.

Tous les soirs suis-je donc condamné à être poursuivi de l'ombre de Chemmâ? Quoiqu'elle ait éloigné de moi sa demeure, causera-t-elle mon insomnie?

A l'heure de la nuit je vois de son côté s'élever vers la contrée du Riàn un éclair vacillant qui vibre.

Je veille pour le regarder : il ressemble à la lampe de l'ennemi, brillant dans une citadelle bien fermée, inaccessible.

O mère d'Omar! c'est une tour que redoute le vil poltron; sa tête se lève comme une pointe aiguë.

Les petits nuages blancs s'arrêtent sur son sommet; on dirait les fragments de toile que tend un tisserand.

J'y ai monté : les étoiles enlacées comme un filet la touchaient; j'y ai atteint avant que l'aurore fût complète.

Les étoiles tendant vers le couchant semblaient ces blanches vaches sauvages qui s'enfuient du bord de l'étang où elles s'abreuvaient.

J'avais un arc jaune que la main aimait toucher; mais moi seul l'avais touché; comme une femme chaste, nul ne l'avait tenu que moi.

J'étendis sur mon arme mon vêtement qui l'a protégée toute la nuit contre la pluie qui s'entrelaçait dans l'air.

---

* La langue française n'a pas de mot pour rendre ce bruit de l'eau qui tombe dans l'eau : les anglais ont une expression parfaite, *splash*. Le mot arabe est bien imitatif aussi, *ghachghachâ*.

Le chemin qui conduit au château est uni comme le front d'une épouse, et je ne m'aperçus pas de sa longueur.

Les rangs de pierres qui le bordent sont comme les deux os qui s'élèvent de chaque côté de la tête*.

Les extraits qu'on va lire sont du *Hamasa*, et sont inédits, en France du moins, car une édition de ce grand recueil s'imprime en Allemagne avec une version latine.

Kotri ben al Fedjat el Mazeni dit :

Au jour de la mêlée, aucun de vous n'a été détourné par les nombreux dangers de mort.

Il semblait que j'étais le but des lances**, tant il m'en venait de la droite et de devant moi!

Tant! que ce qui coulait de mon sang et du sang que je faisais couler colora ma selle et le mors de mon cheval.

Et je revins; j'avais frappé; car je suis comme le cheval de deux ans, qui a toute sa croissance; je suis comme le cheval de cinq ans, qui a toutes ses dents.

Chemidher el Islami, du temps de l'Islam, dit :

(Après avoir tué celui qui avait tué son frère par surprise.)

Enfants de mon oncle! ne me parlez plus de poésie, après l'avoir enterrée dans le désert de Ghomeïr***.

Nous ne sommes pas comme vous, qui attaquez sans bruit; nous faisons face à la violence, et nous jugeons en *cadis*.

Mais nos arrêts contre vous, ce sont les épées, et nous sommes contents quand les épées le sont****.

---

* Les tempes.

** L'anneau dans lequel on s'exerce à viser.

*** Vous avez fui, vous vous êtes déshonorés; ou : Vous avez enterré la poésie, source de toute gloire.

**** Quand elles sont ébréchées à force de frapper, dit le commentateur. Qu'importe le commentateur!

J'ai souffert de voir la guerre s'étendre entre nous et vous, enfants de mon oncle! c'est cependant une chose naturelle.

Du temps de l'Islam, Oueddak ben Tsomeïl el Mazeni dit :

(La tribu de Mazen, dont faisait partie le poète, possédait près de *Barrah* un puits nommé *Safouan.* Les *Benou Scheiban* le lui disputèrent. Tel est le sujet.)

Doucement, *Benou Scheiban,* ceux qui nous menacent parmi vous rencontreront demain une bonne cavalerie près de Safouan.

Des chevaux choisis, que n'intimide point le bruit du combat quand l'étroit champ de bataille se rapproche.

Et des hommes intrépides dans la mêlée; ils s'y jettent, et chacun de leurs pas porte une épée d'Yémen, aux deux tranchants affilés.

Ils sont superbes, vêtus de cuirasses; ils ont des coups à porter pour toutes les blessures.

Vous les rencontrerez, et vous reconnaîtrez des gens patients dans le malheur.

Quand on les appelle au secours, ils sont toujours prêts, et ne demandent point pour quelle guerre ou en quel lieu.

Salma ben Iezid al Djofi, sur la mort d'un frère :

Je dis à mon âme, dans la solitude, et je la blâme : — Est-ce là de la constance et de la fermeté?

Est-ce que tu ne sais pas que depuis que je vis je n'ai rencontré ce frère qu'au moment où le tombeau s'est ouvert entre lui et moi?

Je semblais comme la mort, à cette séparation d'une nuit, et quelle séparation que celle qui ne doit cesser qu'au jour du jugement!

Ce qui calmait ma douleur, c'était de penser qu'un jour je le suivrais, quelque douce que soit la vie.

C'était un jeune homme vaillant, qui donnait à l'épée son dû dans le combat.

Quand il était riche, il se rapprochait de son ami; il s'en éloignait, quand il était pauvre.

FRAGMENTS

Que Dieu ait pitié de Modrek, au jour du compte et de la réunion des martyrs*!

Bon Modrek, il regardait son compagnon de route comme un voisin, même quand ses provisions de voyage ballottaient dans le sac.

(Auteur inconnu.)

Rita, fille d'Asem, dit :

Je me suis arrêtée devant les tentes de ma tribu, et la douleur et les soupirs des pleureuses m'ont fait verser des larmes.

Comme des épées du *Hind*, ils couraient s'abreuver de mort dans le champ de bataille.

Ces cavaliers étaient les gardiens des tentes de la mort, et leurs lances étaient croisées comme les branches dans une forêt.

Abd-ben-al-Tebib dit :

La paix de Dieu soit sur Keïs-ben-Asem, et sa miséricorde!

La mort de Keïs ne fut point la mort d'un seul, mais l'écroulement de l'édifice d'un peuple.

Ces quatre derniers morceaux sont tirés de la seconde partie du *Hamasa;* cette seconde partie a pour titre : *Section des chants de mort.*

Les morceaux qui suivent sont extraits du divan de la tribu de Hodeil.

Taabatà Cherrân (un des héros du désert) et deux de ses compagnons rencontrèrent *Barik.* Celui-ci s'éloigna d'eux, monta sur un rocher, ensuite il répandit ses flèches à terre. — Oh! l'un de vous, dit-il, sera mort le premier; un autre le suivra; et, quant au troisième, je le secouerai comme le vent fait de la poussière. — Et Barik fit là-dessus ces vers :

---

* De l'Islam.

C'était dans le pays de Thabit*, et ses deux compagnons le suivaient.

Il excitait ses compagnons, et je dis : Doucement! la mort vient à celui qui vient à elle.

Et je montrais mon carquois dans lequel il y avait des flèches longues et qui, comme le feu, avaient des pointes brillantes.

Il y en aura de vous un de mort avant moi; je fais grâce au plus vil des trois, pour annoncer votre mort!...

L'un suivra l'autre; quant au troisième et à moi, nous ferons comme un tourbillon de poussière... —

Thabit regarda le monticule qui le dominait, et s'y dirigea pour l'atteindre.

Il dit : — A lui et à vous deux! — J'ai passé contre la mort; enfin je l'ai laissée le tendon coupé (impuissante).

La fin de ce poème est un peu obscure, c'est le défaut de toute haute poésie, et surtout de toute poésie spéciale et primitive.

FRAGMENTS

Tu as loué Leïla en rimes qui, par leur enchaînement, donnent l'idée d'une étoffe rayée d'Yémen.

. . . .

Est-ce que les grasses et pesantes queues de brebis, mangées avec le lait aigre, sont comme le lait doux et crémeux des chamelles paissant des herbes douces, mangé avec la bosse délicate du chameau?

Est-ce que l'odeur du genévrier et de l'âcre *cheth*** ressemble à l'odeur de la violette sauvage *(khozama)*, ou au frais parfum de la giroflée?

. . . .

On dirait que tu ne connais d'autre femme qu'*Omm Nafi*.

On dirait que tu ne vois pas d'autre ombre, dont les hommes puissent désirer le frais, que son ombre, et aucune beauté sans elle.

. . . .

Est-ce que Omm Nautel nous a réveillés pour partir dans la nuit? Aise et bonheur au voyageur nocturne qui hâte le pas!

---

* Nom de Taabatà Cherrân.

** Herbe qui sert à tanner.

Elle nous a réveillés, comme, dans le désert sablonneux d'Alidj, Omaya a tiré du sommeil ceux de la tribu de Madjdel.

Elles s'avancent toutes deux la nuit, de peur que les chameaux fatigués ne les laissent dans l'embarras.

J'ai vu, et mes compagnons l'ont vu aussi, le feu de Oueddan, sur une éminence. C'était un bon feu, un feu bien flambant.

Quand ce feu languit, étouffé par la brume, tout à coup on le voit se ranimer en couronne de flammes.

J'ai dit à mes compagnons : Suivez-moi! Et ils descendirent de leurs chevaux, bons coureurs, sveltes.

Nous nous reposâmes un court instant comme le katha, et les chamelles rapides, aux jambes écartées, nous emportèrent.

Il y a encore de l'obscurité dans ces fragments, mais il nous semble que la grâce et le sublime percent au travers.

Voici le début d'un poème composé par Schanfari, poète de la tribu d'Azed, et coureur de profession :

Enfants de ma mère! montez sur vos chameaux; moi je me dirige vers d'autres gens que vous.

Les choses du voyage sont prêtes, la lune brille, les chameaux sont sanglés et sellés.

Il est sur la terre un lieu où l'on ne craint point la haine, un refuge contre le mal.

Par ma vie! la terre n'est jamais étroite pour l'homme sage qui sait marcher la nuit vers l'objet de ses désirs, ou loin de l'objet de ses craintes.

J'aurai d'autres compagnons que vous, un loup endurci à la course, un léopard leste; avec eux on ne craint point de voir son secret trahi.

Tous sont braves, repoussent l'insulte, et moi, comme eux, je m'élance sur l'ennemi à la première attaque!

Quel ton de grandeur, de tristesse et de fierté dans ce début! Tel est le caractère général de ces poèmes de cent vers au plus, que les arabes nomment *Cassideh*.

Un autre poète du divan de *Bootheri*, recueil de poésies d'hommes inconnus, fleurs du désert dont il ne reste que le parfum, dit :

Quand je vis les premiers ennemis paraître à travers les tamarins et les arbres épineux de la vallée,

Je pris mon manteau sans me tourner vers personne, je haïssais l'homme comme le hait le chameau à qui on vient de percer les narines*.

Des arabes aux persans la transition est brusque; c'est comme une nation de femmes après un peuple d'hommes. Il est curieux de trouver, à côté de ce que le génie a de plus simple, de plus mâle, de plus rude, l'esprit, rien que l'esprit, avec tous ses raffinements, toutes ses manières efféminées. La barbarie primitive, la dernière corruption; l'enfance de l'art, et sa décrépitude. C'est le commencement et la fin de la poésie qui se touchent. Au reste, il y a beaucoup d'analogie entre la poésie persane et la poésie italienne. Des deux parts, madrigaux, concettis, fleurs et parfums. Peuples esclaves, poésies courtisanesques. Les persans sont les italiens de l'Asie.

GHAZEL

Si je voyais cette enchanteresse dans mon sommeil, je lui ferais le sacrifice de mon esprit et de ma foi.

Si un instant je pouvais placer mon front sous la plante de son pied,

Je ne tournerais plus mon visage vers la terre.

Si elle me disait : Ce pied est un esclave dans ma cour,

Je placerais ce pied sur la neuvième sphère céleste.

Oh! ne dénoue pas ces tresses à l'odeur de jasmin;

Ne fais pas honte aux parfums de la Chine.

Oh! Rafi-Eddin, avec candeur et sincérité, fais de la poussière qu'elle foule le chemin de ton front.

RAFI-EDDIN.

AUTRE

Quel est le plus épars de tes cheveux ou de mes sens? Quel est l'objet le plus petit, ta bouche ou le fragment de mon cœur brisé?

Est-ce la nuit, qui est la plus noire, ou ma pensée, ou le point

---

* Pour placer l'anneau qui sert à le conduire.

qui orne ta joue? quel est le plus droit, de ta taille, d'un cyprès ou de mes paroles d'amour?

Qui va chercher les cœurs? ton approche ou les vers qui épanouissent l'âme? quel est le plus pénible, de tes refus ou de mes plaintes qui brûlent?

CHAHPOUR ABHARI.

Mais assez d'antithèses; voici un *ghazel* d'une vraie beauté, d'une beauté arabe :

Ceux qui volent à la recherche de la Caaba*, quand ils ont enfin atteint le but de leurs fatigues,

Voient une maison de pierre, haute, révérée, au milieu d'une vallée sans culture;

Ils y entrent, afin d'y voir Dieu; ils le cherchent longtemps et ne le voient point.

Quand avec tristesse ils ont parcouru la maison, ils entendent une voix au-dessus de leurs têtes :

— O adorateurs d'une maison! pourquoi adorer de la pierre et de la boue? Adorez l'autre maison, celle que cherchent les élus!

DJELAL EDDIN ROUMI.

Ce poète est célèbre dans l'Orient. Il était très avancé dans le mysticisme des soufis, dont les hauts degrés sont un état de quiétude complète, d'*anéantissement* : c'est le mot dont ils se servent.

Ferideddin Attar, dans son poème mystique *le langage des Oiseaux*, définit d'une façon remarquable cet état d'anéantissement, ou de *pauvreté*, comme ils disent encore :

L'essence de cette région est l'oubli; c'est la surdité, le mutisme, l'évanouissement.

---

* Maison apportée du ciel par les anges et où Abraham professa la doctrine d'un Dieu unique. Une autre tradition raconte que c'est le lieu où se rencontrèrent Adam et Ève après une longue séparation sur la terre. Ce temple fut dès la plus haute antiquité le point du pèlerinage des arabes que les musulmans continuent d'observer.

Un seul soleil efface à tes yeux cent mille ombres.

L'océan universel, s'il s'agite, comment les figures tracées sur les eaux resteront-elles en place?

Les deux mondes, le présent et l'avenir, sont des images que présente cette mer; celui qui dit : Ce n'est rien, est dans une bonne voie.

Quiconque est plongé dans l'océan du cœur a trouvé le repos dans cet anéantissement.

Le cœur, plein de repos dans cet océan, le cœur n'y trouve autre chose que le *ne-pas-être*.

(Notes du *Pend-Namèh* de *Ferideddin Attar*, publié par M. S. de Sacy.)

Voici six beaux vers de *Ferdousi*, le célèbre auteur de Chahnamèh *(Livre des Rois)* :

Quand la poussière se leva à l'approche de l'armée,
Les joues de nos illustres soldats devinrent pâles;
Alors je levai cette hache de Ieckzhm*,
Et d'un coup je fis un passage à mon armée.
Mon coursier poussait des cris comme un éléphant furieux;
La plaine était agitée comme les flots du Nil.

Jones a publié ce fragment en anglais. *Togrul ben Arslan*, le dernier des *Seljoukides*, répéta ces vers à haute voix dans la bataille où il périt.

Le commencement du poème de *Sohrab*, dans Ferdousi, ne nous semble pas moins remarquable :

J'ai appris d'un mobed** que Rustem se leva dès le matin.

Son esprit était chagrin; il se prépara à la chasse; il ceignit sa masse, et remplit son carquois de flèches.

---

* *Surnom de Sam, fils de Neriman*, Sam était le père de Rustem, et c'est ce héros qui se bat armé de la hache de son père.

** Prêtre des mages.

Il sortit; il sauta sur Rackch*, et fit partir ce cheval à forme d'éléphant.

Il tournait la tête vers la frontière du Tourân, comme un lion furieux qui a vu le chasseur.

Quand il fut arrivé aux bornes du Tourân, il vit le désert plein d'ânes sauvages.

Le donneur de couronnes (Rustem) rougit comme la rose; il fit un mouvement et lança Rackch.

Avec les flèches, et la masse, et le filet, il jeta à terre des troupes de gibier.

Nous terminons ces extraits par un *pantoum* ou chant malais, d'une délicieuse originalité :

PANTOUM MALAIS

Les papillons jouent à l'entour sur leurs ailes;
Ils volent vers la mer, près de la chaîne des rochers.
Mon cœur s'est senti malade dans ma poitrine,
Depuis mes premiers jours jusqu'à l'heure présente.

Ils volent vers la mer, près de la chaîne des rochers...
Le vautour dirige son essor vers *Bandam*.
Depuis mes premiers jours jusqu'à l'heure présente,
J'ai admiré bien des jeunes gens.

Le vautour dirige son essor vers *Bandam*...
Et laisse tomber de ses plumes à *Patani*.
J'ai admiré bien des jeunes gens;
Mais nul n'est à comparer à l'objet de mon choix.

Il laisse tomber de ses plumes à Patani...
Voici deux jeunes pigeons!
Aucun jeune homme ne peut se comparer à celui de mon choix.
Habile comme il l'est à toucher le cœur.

Nous n'avons point cherché à mettre d'ordre dans ces citations. C'est une poignée de pierres précieuses que nous prenons au hasard et à la hâte dans la grande mine d'Orient. » (Note du manuscrit.)

---

* Son cheval.

Romance mauresque

P. 135.

1. « Il y a deux romances, l'une arabe, l'autre espagnole, sur la vengeance que le bâtard Mudarra tira de son oncle Rodrigue de Lara, assassin de ses frères. La romance espagnole a été publiée en français dans la traduction que nous avons déjà citée (p. 344). Elle est belle, mais l'auteur de ce livre a souvenir d'avoir lu quelque part la romance mauresque, traduite en espagnol, et il lui semble qu'elle est plus belle encore. C'est à cette dernière version, plutôt qu'au poëme espagnol, que se rapporte la sienne, si elle se rapporte à l'une des deux. La romance castillane est un peu sèche, on y sent que c'est un maure qui a le beau rôle.

« Il serait bien temps que l'on songeât à republier, en texte et traduit sur les rares exemplaires qui en restent, le *Romancero general*, mauresque et espagnol; trésors enfouis et tout près d'être perdus. L'auteur le répète ici, ce sont deux Iliades, l'une gothique, l'autre arabe. » (Note de l'édition originale.)

2. « Il lui dit : — Dis-moi, brave homme, ce que je voulais te demander. »

Grenade

P. 139.

1. « Qui n'a pas vu Séville, n'a point vu de merveille », proverbe espagnol.

2. Saint Edmond n'est jamais allé en Espagne. L'aqueduc de Ségovie n'a que deux rangs d'arches.

P. 140.

1. Il n'y a pas de minarets à Alicante.

Les bleuets

P. 144.

1. « Nous avons cru devoirs crupuleusement conserver l'orthographe des vers placés comme épigraphe en tête de cette pièce :

Si es verdad o non, yo no lo he hy de ver,
Pero non lo quiero en olvido poner.

« Ces vers, empruntés à un poête curieux et inconnu, Segura de Astorga, sont de fort vieil espagnol[1]. Si nous n'avions craint d'enlever sa physionomie au vieux *Joan* (et non pas Juan), il aurait fallu écrire : *Si es verdad ó* no, *yo no* le *he* aqui *de ver*, *pero* no le *quiero en olvido poner*. *Hy*, dans le passage ci-dessus, est pour *aqui*, comme il est pour *alli* dans un autre passage du même poëte qui sert d'épigraphe à *Nourmahal-la-Rousse :*

No es bestia que non fus hy *trobada.*

Non fus pour *no fuese.* » (Note du manuscrit.)

Mazeppa

P. 160.

1. Herschel avait découvert en 1787 six des sept satellites de Saturne et aussi la planète Uranus, à laquelle on attribuait alors six ou huit satellites.

Le Danube en colère

P. 161.

1. « Il avertit et, de sa grande voix, les prend à témoin, dans l'ombre. » (*Enéide* VI, 619).

2. *Belgrade* appartenait aux Ottomans. *Semlin*, ville hongroise sur l'autre rive du Danube, en face, faisait partie de l'empire autrichien.

P. 164.

1. *Dristra* est l'ancien nom de la ville bulgare Silistrie, enlevée par les Russes aux Turcs en 1828.

Rêverie

P. 166.

1. « Le jour s'en allait et l'air assombri soulageait de leurs peines les âmes qui sont sur terre. » (Enfer, II, 1-6.)

---

1. En réalité Segura de Astorga n'est pas — comme le croit Hugo — l'auteur du poème mais seulement le copiste.

Le poète au calife

P. 169.

1. Il a existé un Noureddin, sultan de Syrie et d'Égypte, qui fut un saint musulman.

Bounaberdi

P. 171.

1. « Le nom de Bonaparte dans les traditions arabes est devenu Bounaberdi. Voyez à ce sujet une note curieuse du beau poème de MM. Barthélemy et Méry, *Napoléon en Egypte.* » (Note du manuscrit.)

Lui

P. 176.

1. La statue de Memnon, en Égypte, rendait des sons musicaux quand la frappaient les rayons du soleil levant.

2. « Il eût fallu dire la route de Paestum; car de Paestum même on ne voit pas le Vésuve. » (Note du manuscrit.)

P. 177.

1. La tradition place le tombeau de Virgile près de la grotte du Pausilippe.

Novembre

P. 179.

1. « L'ancien couvent des Feuillantines, quartier Saint-Jacques, où s'est écoulée une partie de l'enfance de l'auteur ». (Note du manuscrit.)

P. 180.

1. Le collège des Nobles, dont les frères Hugo supportaient mal la discipline et où des rivalités nationales entraînaient des disputes avec les jeunes nobles espagnols.

LES FEUILLES D'AUTOMNE

Préface

P. 183.

1. L'hérédité de la pairie venait d'être abolie, après de vifs débats; la loi du 29 décembre 1831 allait réorganiser la pairie et en changer, en effet, le sens, en l'ouvrant à la haute bourgeoisie.

2. Après le sac de Saint-Germain-l'Auxerrois et le pillage de l'archevêché, en février 1831, le calme n'est revenu qu'en apparence, et l'émeute est prête à se ranimer. Déjà, le 21 novembre, les ouvriers de Lyon ont commencé à se soulever; le 5 juin 1832, les funérailles du général Lamarque vont donner lieu à une insurrection, celle-là même qui sera racontée dans *Les Misérables.*

3. Peu après le *Bill du Test*, qui, en 1829, avait accordé des droits politiques aux Irlandais, l'Angleterre avait été amenée à établir l'état de siège dans l'île. Le 3 février 1831, l'insurrection italienne éclatait à Modène, gagnait Parme, Bologne, les États romains; les Autrichiens n'évacueront qu'en juillet Bologne et les États pontificaux qu'ils ont occupés; la révolution a été écrasée et la répression sévère. Le soulèvement national de la Pologne, le 29 novembre 1830, avait provoqué en France la sympathie la plus ardente; après des victoires, les Polonais cèdent au nombre; la capitulation de Varsovie, le 7 septembre 1831, provoque une émeute à Paris. La Pologne devient alors une province russe; les chefs de l'insurrection et 5 000 familles sont déportés en Sibérie.

4. Allusion au saint-simonisme qui connaît, en ces années, sa plus grande vogue; l'église « saint-simonienne » s'organise dans la maison commune de la rue Monsigny, sous la direction des Pères Enfantin et Bazard, et Sainte-Beuve fréquente les réunions de la rue Taitbout. Moins bruyant, le fouriérisme se répand aussi.

P. 184.

1. Hugo songe au mouvement du catholicisme libéral, lancé, en 1829, par Lamennais; le 16 août 1830, Lamennais, Lacordaire, Montalembert font paraître *L'Avenir*, dont la devise est « Dieu et la liberté ». Hugo revient alors à Lamennais, se lie avec Montalembert

P. 185.

1. A la seconde diète de Worms (1521), Luther refusa de se rétracter et fut mis au ban de l'Empire; Michel-Ange exécute les fresques de la Sixtine de 1508 à 1512.

2. « Ferme en sa résolution », souvenir d'Horace, *Odes*, III, 3.

P. 187.

1. « La muse a des ailes ».

2. On ne voit pas à quoi Hugo fait ici allusion. Le mot *œil*, en grec, désigne parfois des choses ou des êtres précieux, brillants.

P. 188.

1. Selon Diogène Laërce, le philosophe Empédocle d'Agrigente, afin de cacher sa mort et de passer pour un dieu, se serait précipité dans l'Etna; mais le volcan eut la malice de rejeter une de ses sandales.

2. « Mon livre, tu iras à Rome » (Ovide, *Tristes*, I, 1).

P. 189.

1. « Je suis plein de fentes et je fuis de partout ». *L'Eunuque*, I, 105.

2. En fait, ces trois odes « politiques » paraîtront en tête des *Chants du crépuscule*, qui ne constituent, en aucune manière, un recueil « politique ».

P. 190.

1. Les *Stuartistes* et les *Jacobites* étaient les partisans de Jacques-Édouard Stuart, fils de Jacques II, dépossédé par Guillaume III, en 1688; les *Cavaliers* étaient, au temps de Cromwell, les partisans de Charles Ier; *Stuartistes, Jacobites, Cavaliers* sont ici synonymes de *légitimistes*.

2. Le père du poète servait, en fait, dans le régiment du Beauvaisis, depuis le 16 octobre 1788.

3. Au temps où le marquis de Bonchamp et Henri de la Rochejacquelein (ici, Hugo fait allusion à la femme du marquis de la Rochejacquelein, frère du précédent, qui a laissé des *Mémoires* sur la guerre de Vendée) dirigeaient le combat de l' « armée catholique et royale », Sophie Trébuchet vivait en paix, à Nantes, et Carrier y avait nommé son grand-père juge au tribunal révolutionnaire. La mère du poète ne fut ni « brigande » ni « vendéenne », en dépit des affirmations réitérées à la fin du poème initial de ce recueil; elle vint au royalisme plus tard, en haine de Napoléon qui

avait fait fusiller son amant, le général Lahorie, compromis dans la conspiration de Malet.

Ce siècle avait deux ans

P. 191.

1. Les Saint-John sont une illustre famille anglaise. Leur devise est empruntée à l'*Enéide* (I, 381) :
« J'ai suivi les destins qui m'étaient accordés ».

2. Besançon appartint à l'Espagne de 1648 à 1678 (Franche-Comté espagnole).

P. 192.

1. Allusion aux nombreux voyages des enfants Hugo, de 1802 à 1812.

A M. Louis B.

P. 194.

1. Il s'agit du peintre Louis Boulanger.

2. « A Lyrnesse (en Troade), tu possédais une haute demeure mais sur le sol de Laurente (en Italie) t'attendait le tombeau », *Enéide* (XII, 547).

3. *Blois :* résidence du père de Hugo, après qu'il fut mis en demi-solde par la Restauration.

4. Le duc de Guise fut assassiné au château de Blois, en 1588.

P. 195.

1. Le général fut presque toujours absent de l'enfance de Hugo, ou n'y intervint que de façon désagréable; il est remarquable que le poète tienne à créer cette image d'un père, protecteur bienveillant.

P. 197.

1. La tombe du général Hugo est au cimetière du Père-Lachaise, où reposent de très nombreux généraux et maréchaux de l'Empire.

Rêverie d'un passant à propos d'un roi

P. 199.

1. Épigraphe empruntée à l'Ancien Testament, livre de la *Sagesse*, ch. VI, verset 3 et fin du verset 5 : « Prêtez l'oreille, vous qui gouvernez les multitudes et vous complaisez dans les troupes des nations, parce que vous n'avez pas gardé la loi de la justice et marché selon la volonté de Dieu. »

2. Le roi de Naples ou des Deux-Siciles était arrivé en visite à Paris, le 15 mai 1830.

P. 200.

1. La place de Grève, aujourd'hui place de l'Hôtel-de-Ville.

P. 201.

1. Allusion au conflit qui opposait le roi à la Chambre, et à l'issue duquel celle-ci fut dissoute par l'ordonnance du 16 mai 1831; le 26 juillet la révolution éclatait.

Que t'importe mon cœur

P. 203.

1. « De tout, rien. De tous, personne. »

Ce qu'on entend sur la montagne

P. 205.

1. « O profondeur! » saint Paul, *Epître aux Romains*, XI, 33. « O profondeur des richesses de la sagesse et de la science de Dieu. »

P. 207.

1. Daniel sortit sain et sauf de la fosse aux lions où l'avait fait jeter Darius.

A un voyageur

P. 211.

1. Les chevrons sont les morceaux de galon que les soldats portaient, joints en angle, à la manche gauche, pour marquer leur temps de service.
2. Sans doute la colline du Père-Lachaise.

Dicté en présence du glacier du Rhône.

P. 213.

1. « Je trouve partout des raisons d'aimer. » Ovide, *Amours*, II, 4, 31.

A M. David, statuaire

P. 216.

1. Il s'agit du sculpteur David d'Angers, ami de Hugo.

P. 218.

1. Hugo fait ici allusion au Colosse de Rhodes.

P. 219.

1. Plutarque raconte qu'un certain Stasicrate avait proposé à Alexandre — qui refusa — de faire du mont Athos une statue gigantesque.

A M. de Lamartine

P. 220.

1. « Les flots vont t'emporter sur la mer. »

P. 223.

1. Dans les *Lusiades*, de Camoëns, le géant Adamastor surgit devant Vasco de Gama qui s'apprête à doubler le cap de Bonne-Espérance, et lui reproche de violer les secrets de l'univers.

P. 229.

1. La Pérouse, parti de Brest en 1785, pour faire le tour du monde, périt dans les mers d'Océanie.

Un jour au mont Atlas...

P. 230.

1. « Il étouffe, le malheureux, [dans les limites étroites de l'univers] ». Juvénal (*Satires*, X, 169) évoque ici Alexandre dont l'ambition ne peut se contenter de l'univers.

Dédain

P. 231.

1. Dans l'édition originale, cette pièce était dédiée « A Lord Byron, en 1811 »; cette dédicace a été supprimée en 1840.
2. « Moi contre tous et tous contre moi. »

O toi qui si longtemps

P. 235.

1. « En Dieu est tout. » Les Saltoun d'Abernethy sont une vieille famille d'Écosse.
2. Le poète s'adresse à sa femme.

C'est une chose grande

P. 237.

1. « Combien de livres pèse le plus grand capitaine? » Juvénal, *Satires*, X, 147, à propos d'Hannibal.

O mes lettres d'amour...

P. 239.

1. « O printemps, jeunesse de l'année!
O jeunesse, printemps de la vie! »
Le premier vers est de Guarini, le second sans doute de Hugo.

Laissez. — Tous ces enfants...

P. 241.

1. « Laissez venir à moi les petits enfants. » Matthieu, XIX, 14 et Luc, XVIII, 16.

2. Il s'agit des enfants de Hugo : Léopoldine, Charles et François.

P. 244.

1. Hugo enfant voyagea et séjourna en Espagne (1811-1812). L'espagnol est la seule langue vivante qu'il ait sue.

Quand le livre où s'endort...

P. 245.

1. « Vers quel point me diriger? »

Oh! pourquoi te cacher?...

P. 246.

1. « Je ne sais quoi de plaintif » (Ovide, *Métamorphoses*, XI, 51) : la lyre d'Orphée, entraînée par l'Hèbre, rend encore, dit le poète, « je ne sais quel son plaintif ».

P. 247.

1. « Une voix de lamentation, de deuil et de pleurs a été entendue dans Rama, la voix de Rachel pleurant ses fils; elle ne veut pas être consolée, — parce qu'ils ne sont plus » (*Jérémie*, XXXI, 15). Sara, femme d'Abraham, méprisée par Agar, sa servante, pour sa stérilité, la chasse cruellement, mais la *Genèse* ne nous la dépeint pas en pleurs (chap. XVI).

Où donc est le bonheur?.

P. 249.

1. « Mais il suffit de pouvoir mourir » pour être mis à mort, dit Lucain dans la *Pharsale* (II, 109), en parlant des enfants nouveau-nés que n'épargne pas la vengeance de Marius.

Lorsque l'enfant paraît...

P. 252.

1. « Le toit s'égaye et rit de mille odeurs divines. » Chénier, *le Mendiant*. Il s'agit du festin auquel a été invité un mendiant, qui est Homère.

Parfois, lorsque tout dort...

P. 258.

1. « Tout est en harmonie avec moi de ce qui est en harmonie avec toi, ô monde; rien ne me vient trop tôt ni trop tard de ce qui vient à point pour toi; tout est fruit pour moi de ce qu'apportent tes saisons, ô nature; de toi viennent toutes choses, en toi sont toutes choses, vers toi vont toutes choses. » Marc-Aurèle, *Pensées*, IV, 22.

Oh! qui que vous soyez...

P. 260.

1. « Qui n'aime pas ne vit pas. »

P. 261.

1. A cette date, on dit encore indifféremment architecture *saxonne* ou architecture *romane* (cf. *Notre-Dame de Paris*, III, 1); la « tour saxonne » est donc le clocher de Saint-Germain-des-Prés, que, dans ce chapitre de *Notre-Dame de Paris*, Hugo oppose, comme spécimen de l' « art saxon » ou roman, à la tour gothique de Saint-Jacques-de-la-Boucherie.
2. Entendez : l'église gothique.

Madame, autour de vous...

P. 263.

1. « Une âme charmante dans un corps charmant. » Modification de la formule de Juvénal « Mens sana in corpore sano. »

2. Il s'agit de Marie Nodier, fille de Charles Nodier.

Contempler dans son bain...

P. 264.

1. « Amour, qui veut que l'aimé aime à son tour, me commanda si fortement de lui plaire que, comme tu vois, ce désir ne me quitte pas encore. » Paroles de Francesca di Rimini au chant V de l'*Enfer.*

2. Chandeliers à plusieurs branches.

A mes amis L. B. et S.-B.

P. 268.

1. Il s'agit de Louis Boulanger et de Sainte-Beuve.

2. 2e strophe du poème *A Thomas Moore :*

> « Voici un soupir pour ceux qui m'aiment,
> Et un sourire pour ceux qui me haïssent;
> Quel que soit le ciel sur ma tête,
> Voici un cœur prêt pour toutes les destinées. »

A mes amis S.-B. et L. B.

P. 272.

1. Titre d'un *Caprice* de Goya représentant des *Sorcières volant de nuit.*

2. On racontait, dans l'Antiquité, qu'un objet jeté dans l'Alcée, fleuve d'Elide, se retrouvait plus tard, dans l'Aréthuse, source de l'île d'Ortygie, devant Syracuse.

P. 273

1. L'art gothique et l'art roman.

La pente de la rêverie

P. 274.

1. « C'est l'obscurité des choses qui rend souvent les mots obscurs. » Gervais de Tilbury est un chroniqueur anglais du XIIIe siècle, mais la phrase est sans doute de l'invention d'Hugo.

P. 277.

1. Les Pélages sont le plus ancien peuple de la Grèce, et la civilisation étrusque a précédé celle de Rome. D'où l'attribution de ces

langues au plus ancien poète grec, d'une part, au roi qui régna sur le Latium avant l'arrivée d'Enée, d'autre part.

2. Les *runes* sont l'écriture, gravée sur la pierre, des anciens Scandinaves. Irmensul est le dieu des Saxons.

Souvenir d'enfance

P. 280.

1. Il s'agit de Joseph Bonaparte, comte de Survilliers. C'est le titre qu'avait pris le roi Joseph, protecteur du général Hugo, lorsqu'il s'était retiré aux États-Unis après l'abdication de Napoléon.

2. « Faisant mouvoir toute chose d'un mouvement de son sourcil. » Horace, *Odes*, III, 8. Il s'agit de Jupiter.

P. 281.

1. Chant national sous Napoléon, composé en 1791, par Adrien-Simon Boy, chirurgien en chef de l'armée du Rhin. L'*Empire* désignait alors l'État et la France.

2. Sans doute le Père-Lachaise.

A Madame Marie M.

P. 285.

1. La fille de Charles Nodier qui avait épousé Jules Mennessier.

Pour les pauvres

P. 287.

1. L'hiver de 1829 à 1830 fut très rude.

*A ***, trappiste à la Meilleraye*

P. 291.

1. La Meilleraye est un vieux monastère, près de Châteaubriant, dans la Loire-Atlantique.

2. « Il est vain de lutter — puissé-je mourir jeune — /Vivez comme j'ai vécu, et aimez comme j'ai aimé; /Si je retourne à la poussière, c'est de la poussière que je suis sorti, /Et puis, du moins, mon cœur ne peut plus être agité. »

(Byron, *Stanzas to the Po*).

Bièvre

P. 293.

1. Il s'agit de Louise Bertin, la fille de Bertin aîné, rédacteur en chef du *Journal des Débats*.

2. Description de la grotte de Calypso, dans *Télémaque*.

Un jour vient où soudain...

P. 305.

1. « Oh! ne me parlez pas d'un grand nom dans l'histoire!
Les jours de notre jeunesse sont les jours de notre gloire;
Et le myrte et le lierre de la douce vingt-deuxième année
Valent bien tous vos lauriers, si nombreux qu'ils soient jamais. »
Byron, *Stances écrites sur la route de Florence à Pise.*

La prière pour tous

P. 317.

1. En fait, c'est Marie, sœur de Marthe, qui verse du parfum sur les pieds du Seigneur.

Pan

P. 325.

1. [Dieu est] « tout entier esprit, tout entier lumière, tout entier œil ». Citation modifiée des *Stromates* de Clément d'Alexandrie. « Dieu, si l'on peut ainsi parler, est tout entier ouïe et tout entier œil. »

Avant que mes chansons aimées...

P. 329.

1. « Amour de mon cœur,
Cœur de mon amour,
Arbre, qu'as-tu fait,
Qu'as-tu fait de la fleur? »

Amis, un dernier mot!...

P. 332.

1. Allusion au morcellement de la Confédération germanique.
2. L'infant don Miguel, qui régnait en tyran, fut renversé en 1834.
3. Le cardinal Albani, secrétaire d'État de Pie VII.
4. Ferdinand II, roi réformateur, régnait sur Naples. L'allusion est assez injuste.
5. La Vénétie (dont les armes comportent le lion ailé de saint Marc) était restée sous la domination autrichienne.
6. Le duc François IV, qui régnait par la terreur.
7. Allusion injuste [cf. note 4] : le vieux roi de Saxe, Antoine 1er, n'avait rien d'un tyran.
8. Les armées hollandaises avaient envahi la Belgique; celle-ci devait néanmoins se faire reconnaître comme État par le *Traité des 24 articles* (15 novembre 1831).

TABLE

LES ORIENTALES

LES FEUILLES D'AUTOMNE

DU MÊME AUTEUR

Dans la même collection

LES CONTEMPLATIONS. *Préface de Léon-Paul Fargue, édition établie par Pierre Albouy.*

LES CHÂTIMENTS. *Édition présentée et établie par René Journet.*

ODES ET BALLADES. *Édition présentée et établie par Pierre Albouy.*

LES CHANSONS DES RUES ET DES BOIS. *Édition présentée et établie par Jean Gaudon.*

LES CHANTS DU CRÉPUSCULE. LES VOIX INTÉRIEURES. LES RAYONS ET LES OMBRES. *Édition présentée et établie par Pierre Albouy.*

LA FIN DE SATAN. *Édition présentée et établie par Évelyne Blewer et Jean Gaudon.*

L'ANNÉE TERRIBLE. *Édition présentée et établie par Yves Gobin.*

Ce volume,
le cent cinquantième de la collection Poésie,
a été achevé d'imprimer sur les presses
de l'Imprimerie Bussière à Saint-Amand (Cher),
le 31 mai 1990.
Dépôt légal : mai 1990.
1er dépôt légal dans la collection : août 1981.
Numéro d'imprimeur : 1589.
ISBN 2-07-032206-8./Imprimé en France.